Teoría

DE

LA MÚSICA

POR

A. DANHAUSER

CABALLERO DE LA LEGION DE HONOR
OFICIAL DE LA ACADEMIA
PROFESOR DEL CONSERVATORIO NACIONAL DE MUSICA
INSPECTOR PRINCIPAL DE LA ENSENANZA DEL CANTO EN LAS ESCUELAS
MUNICIPALES DE LA VILLA DE PARIS
CABALLERO DE VARIAS ORDENES

Traducida al español por G. J. LLOMPART

NUEVA EDICIÓN

Seguida de un cuadro sinóptico de los Instrumentos y de las voces
Señalando su extensión comparada con la del piano

Ed. 1255

G. SCHIRMER, *Inc.*

DISTRIBUTED BY

PRÓLOGO

El *solfeo*, base de toda instrucción musical verdadera, comprende dos partes diferentes : la parte práctica y la parte teórica. La parte práctica consiste en pronunciar cantando el nombre de las notas. La parte teórica tiene por objeto explicar todo lo que se relaciona con los signos que se emplean para escribir la música y las leyes que los coordinan tanto con relación á los *sonidos* como á las *duraciones*.

La parte que nosotros presentamos al público bajo el título de **Teoría de la Música**, es la teórica.

Llamados desde hace muchos años á dirigir una clase de solfeo en el Conservatorio de Música de Paris, escribimos expresamente esta obra para dicho curso, explicándola, modificándola y hasta trasformando algunas partes, según nos lo aconsejaban la práctica y la experiencia. Además, adoptada nuestra obra para la enseñanza, habiendo sufrido las pruebas de la Escuela, podrá facilitar, al menos así lo esperamos, estos primeros estudios siempre de sí tan aridos. He aquí, pues, el motivo que nos ha decidido á publicarla.

Nuestra **Teoría** se divide en cinco partes seguidas de un complemento. La primera parte trata de *los signos empleados para escribir la música;* la segunda, *de las escalas y de los intérvalos;* la tercera, *de la tonalidad;* la cuarta, *del compás;* la quinta, *de los principios generales de la ejecución musical,* con tanta frecuencia descuidados en los estudios elementales; en fin, el complemento trata de las *notas de adorno, abreviaciones,* etc.

Habiendo adoptado la excelente forma dada por nuestro querido Maestro Monsieur François Bazin á su **Curso de Harmonía**, hemos subdividido las partes en cierto numero de lecciones seguidas cada una de ellas de un ejercicio para escribir los alumnos. Este sistema ofrece grandes ventajas al discípulo, pues aprendiendo poco á la vez, lo retiene con más facilidad y forzado á comprender lo que estudia, para poder escribir correctamente los ejercicios, se le podrá dispensar la recitación de memoria, las mas de las veces penosa y algunas veces inútil.

Para que la marcha progresiva de la obra no resulte en ciertos capitulos demasiado lenta, hemos puesto en notas, al final del volumen todo aquello que no siendo indispensable, puede ofrecer algun interés.

Tambien los párrafos que en el texto van impresos con tipos mas pequeños, se podrán omitir sin ningun inconveniente, segun la edad ó aptitud del alumno. En fin, aunque la cuarta parte vaya colocada en el puesto que por órden riguroso debe ocupar, podrá estudiarse sin embargo, antes que la tercera.

Si hemos llegado á alcanzar el fin que nos habíamos propuesto, debemos rendir justo homenage á todo lo que de mas excelente han escrito nuestros predecesores sobre esta materia. Hemos aprovechado sus numerosos trabajos, procurando aclarar algunos puntos oscuros, haciendo que todo sea completo, pero conciso al mismo tiempo, exacto en las definiciones; que las lecciones vengan de tal suerte encadenadas entre sí que la posterior sea consecuencia de la anterior, y sobre todo hemos procedido siempre de lo *conocido* á lo *desconocido*. En una palabra, nuestro objetivo ha sido el *órden*, la *claridad* y la *precisión*.

TEORÍA DE LA MÚSICA

1. La **música** es el arte de los sonidos. (1)

Se escribe y se lee con tanta facilidad como se escriben y se leen las palabras que pronunciamos.

Para leer la música y comprender su lectura, es necesario conocer los signos por medio de los cuales se escribe, y las leyes que los coordinan.

El estudio de estos signos y de estas leyes es el objeto de la "**Teoría de la música**.

PRIMERA PARTE

SIGNOS EMPLEADOS PARA ESCRIBIR LA MUSICA

DE LOS SIGNOS PRINCIPALES

2. La música se escribe por medio de unos signos que daremos á conocer y que se colocan sobre el pentagrama. (2)

3. Los signos principales son:

1º Las **notas**.
2º Las **claves**.
3º Los **silencios**.
4º Las **alteraciones**.

1ª Lección. DEL PENTAGRAMA

4. El **pentagrama** es una pauta formada de *cinco líneas* horizontales, paralelas y equidistantes.

Ej.

Se ha convenido en contar las líneas de abajo arriba: la línea inferior será, pues, la primera y por consiguiente. la superior, sera la quinta

(1) Véase la nota (*a*) al final de la obra.

(2) El pentagrama es el objeto de la 1ª lección.

Printed in the U. S. A.

5. **Las distancias comprendidas entre las líneas, se llaman *espacios*.**

Los espacios se cuentan **igualmente de abajo arriba; asi, pues, el primer espacio se halla entre la primera y segunda línea; el segundo, entre la segunda y la tercera**, y asi sucesivamente.

Ej

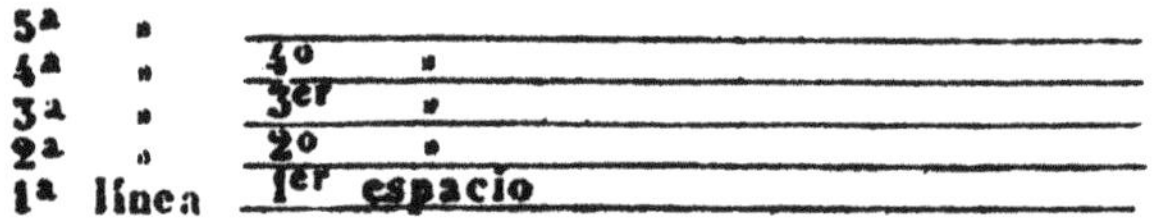

Línea	Espacio
5ª	
4ª	4º
3ª	3er
2ª	2º
1ª línea	1er espacio

6. El **pentagrama** se compone, pues, de ***cinco líneas*** y ***cuatro espacios*.**

Y sobre dicho pentagrama, es donde se colocan los signos que sirven **para** escribir la música.

EJERCICIO

Trazar un pentagrama con el número de órden en cada línea y en cada espacio, como en el ejemplo que precede.

2ª Lección.

DE LAS NOTAS

7. Las **notas** representan las ***duraciones*** y los ***sonidos*.**

Segun sus diferentes *figuras*, expresan diferentes ***duraciones*.**

Segun sus diferentes *posiciones* en el **pentagrama expresan diferentes *sonidos*.**

FIGURAS DE LAS NOTAS
(SIGNOS DE DURACIÓN)

8. Las *figuras de las notas* son siete, á saber:

1º La **redonda** ....

2º La **blanca** ....

3º La **negra** ....

4º La **corchea** ....

5º La **semicorchea** ....

6º La **fusa** ....

7º La **semifusa** (1) ....

---

(1) Nótese la analogía que existe entre cada una de estas figuras y la que la sigue ó precede; pues la corchea no es mas que la figura de la negra á la que se le ha añadido un corchete; la semicorchea no es mas que la figura de la corchea con dos corchetes en vez de uno.

9. Cuando varias corcheas ó semicorcheas, fusas ó semifusas ván colocadas unas á continuación de las otras, se pueden reemplazar los corchetes por unas barras que unan dichas notas. (1)

El número de barras ha de ser siempre igual para cada nota, al número de corchetes que ellas reemplacen; asi, pues, para las corcheas, se necesita una barra; para las semicorcheas, dos, y asi sucesivamente.

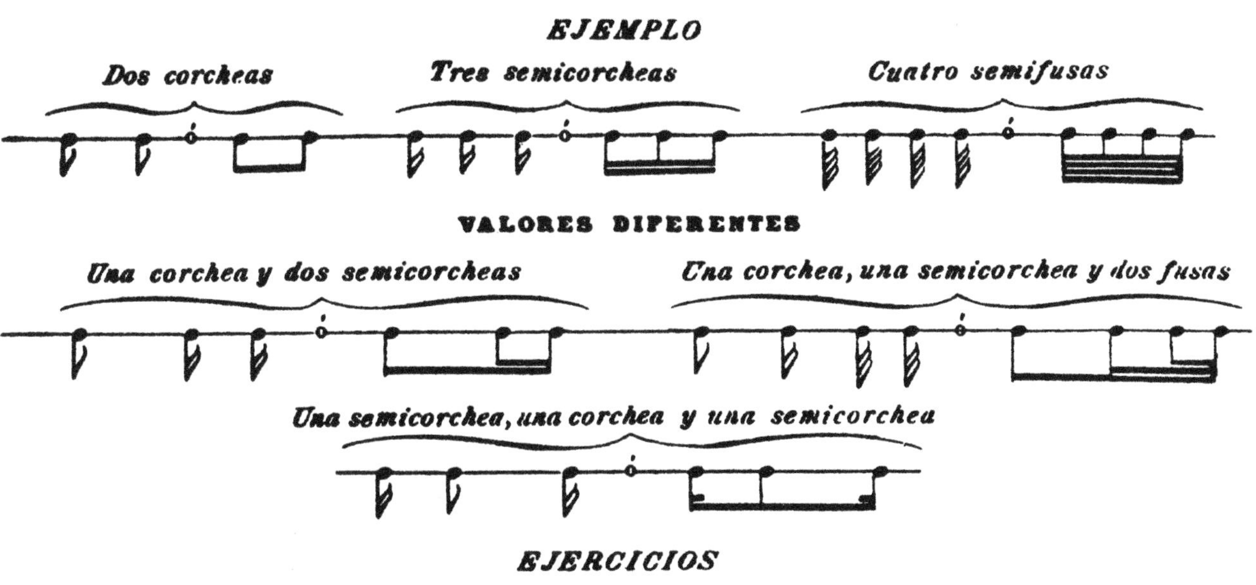

EJERCICIOS

1º Escribir encima de cada una de las siguientes figuras su propio nombre.

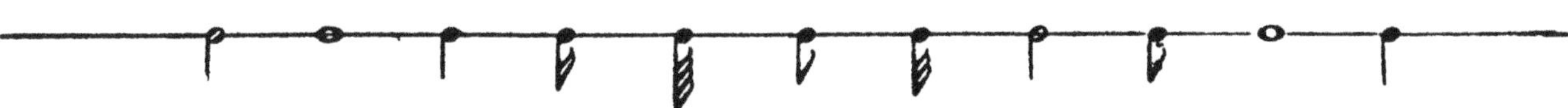

2º Trazar encima de cada uno de los nombres siguientes la nota que lo representa.

Corchea — Redonda — Negra — Semifusa — Blanca — Fusa — Semicorchea.

3º Escribir con barras las siguientes figuras escritas con corchetes.

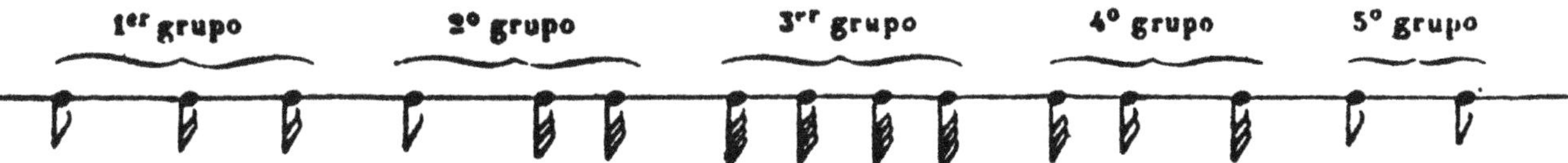

4º Escribir con corchetes las siguientes figuras escritas con barras.

---

(1) Es costumbre, para mas claridad, en la música vocal, emplear los corchetes cuando á cada nota le corresponde una sílaba y al contrario, cuando una sola sílaba afecta á varias notas, se sustituyen los corchetes por barras.

DEL VALOR RELATIVO DE LAS FIGURAS DE LAS NOTAS

3ª Lección.

10. Estando dispuestas las **figuras de las notas** en el órden que acabamos de indicar (§ 8), la redonda representa la mas larga duración y cada una de las otras figuras vale la mitad de la que la precede, y por consiguiente, el doble de la que la sigue.

EJEMPLO

La **redonda** .... vale: 2 *blancas* ó 4 negras ú 8 corcheas ó 16 semicorcheas ó 32 fusas ó 64 semifusas.

La **blanca** .... vale: 2 *negras* ó 4 corcheas ú 8 semicorcheas ó 16 fusas ó 32 semifusas.

La **negra** .... vale: 2 *corcheas* ó 4 semicorcheas ú 8 fusas ó 16 semifusas.

La **corchea** .... vale: 2 *semicorcheas* ó 4 fusas ú 8 semifusas

La **semicorchea** vale: 2 *fusas* ó 4 semifusas.

La **fusa** .... vale: 2 *semifusas*.

11. Representando la *redonda* la mayor duración, es considerada como la *unidad de valor*: teniendo las demás figuras un valor menor, son consideradas como fracciones de la redonda, por consiguiente.

La **blanca**	equivale á	una *mitad*	$\frac{1}{2}$
La **negra**	—	un *cuarto*	$\frac{1}{4}$
La **corchea**	—	un *octavo*	$\frac{1}{8}$
La **semicorchea**	—	un *diezíseis avo*	$\frac{1}{16}$
La **fusa**	—	un *treintidos avo*	$\frac{1}{32}$
La **semifusa**	—	un *sesenticuatro avo*	$\frac{1}{64}$

EJERCICIO

Indicar la relación de valor de cada una de las siguientes figuras con las demás figuras de las notas.

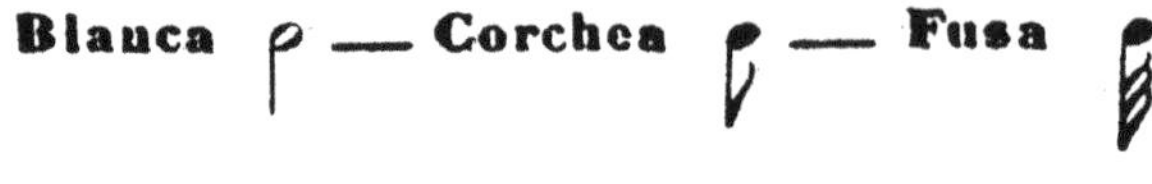

DE LA POSICIÓN DE LAS NOTAS EN EL PENTAGRAMA

(SIGNOS DE LOS SONIDOS)

4ª Lección.

12. Las **notas**, sea cual fuere su figura, se colocan en el pentagrama de la manera siguiente:

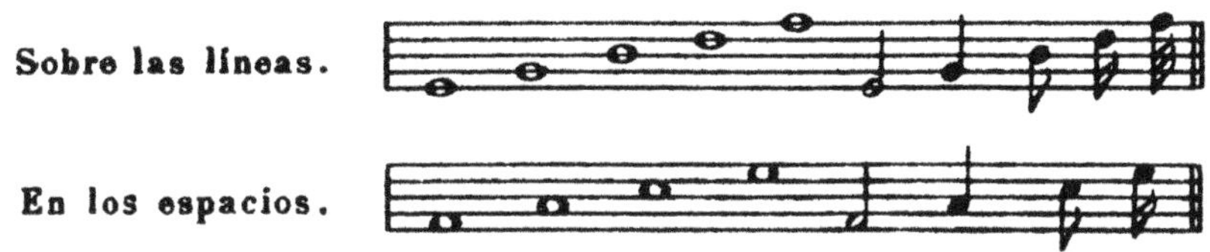

Se puede colocar igualmente una nota debajo de la primera línea y encima de la quinta.

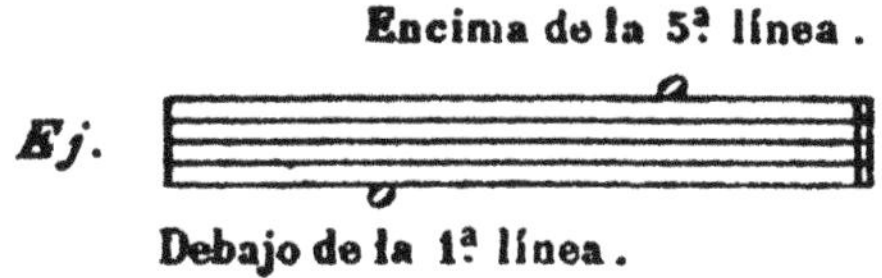

13. Se escriben tambien otras notas debajo y encima del pentagrama: en este caso se emplean unos fragmentos de línea llamados **líneas adicionales**.

El número de las líneas adicionales es ilimitado.

Las notas se colocan sobre estas, pudiendose colocar tambien debajo ó encima de las mismas, cuando son respectivamente mas bajas ó mas altas que la pauta.

14. Si escribimos las notas sobre el pentagrama llenando todas las líneas y espacios, empleando las que se colocan debajo de la primera línea y encima de la quinta, como igualmente las que se escriben con líneas adicionales, obtendremos la serie siguiente.

(1) No siendo limitado el número de lineas adicionales, podrian emplearse aun otras mas, si fuese necesario.

Las notas escritas sobre el pentagrama de abajo arriba, expresan sonidos que van del grave al agudo; asi, pues, la nota colocada sobre la cuarta línea, es mas aguda que la que se halla en el tercer espacio, y esta última es á su vez mas aguda que todas las demas que se hallan mas abajo.

EJERCICIO

Escribir todas las notas que pueden colocarse entre las dos del ejemplo que sigue, tomando por modelo el ejemplo anterior.

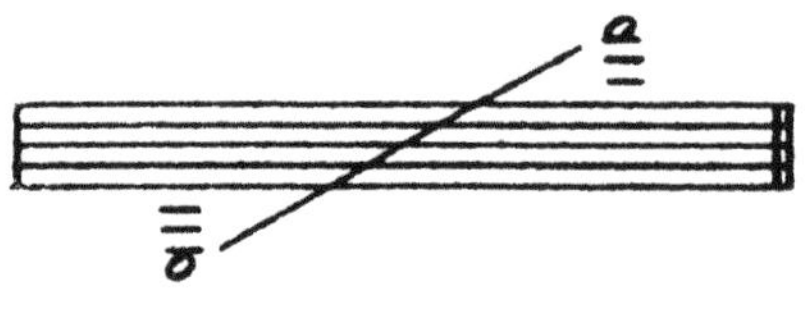

5ª Lección. DEL NOMBRE DE LAS NOTAS

15. No existen mas que **siete nombres de notas** para expresar todos los sonidos. Estos nombres son:

UT ó **DO**[1], **RE**[2], **MI**[3], **FA**[4], **SOL**[5], **LA**[6], **SI**[7]. (1)

Estas notas forman una serie de sonidos que van del grave al agudo y que se llama *serie ascendente*.

16. A la primera serie se le puede añadir una segunda, despues una tercera, una cuarta, etc.

EJEMPLO.

Leyendo los nombres de estas notas en órden inverso, se obtiene una serie de sonidos que van del agudo al grave y que se llama *serie descendente*.

17. Se llama **octava** la distancia que separa dos notas del mismo nombre pertenecientes á dos series inmediatas.

EJERCICIO

Escribir tres series descendentes sucesivas, es decir, en órden inverso al del ejemplo que precede.

---

(1) Véase la nota (*b*) al final de la obra.

DE LAS CLAVES

6ª Lección.

18. Las **claves** se colocan al principio del pentagrama. Sirven para fijar el nombre de las notas y para indicar al mismo tiempo el puesto que estas han de ocupar en la escala general. (Véase § 21, la escala general.)

19. Las *figuras de las claves* son *tres*:

1º **La clave de fa**
que se coloca sobre la 3ª y 4ª línea del pentágrama.

Ej. Clave de Fa — 3ª línea — 4ª línea

2º **La clave de do**
que se coloca sobre la 1ª 2ª 3ª y 4ª línea.

3º **La clave de sol**
que se coloca sobre la 1ª y 2ª línea. (1)

20. Las claves dan su nombre á las notas colocadas sobre las mismas líneas que ellas ocupan.

Conocido el nombre de una nota es fácil hallar el de las demás, porque ellas siempre se suceden en el órden que ya hemos indicado (§ 15); por consiguiente, si la nota colocada sobre la segunda línea es un *sol*, la que está en el primer espacio, es decir, su inmediata inferior, será un *fa*.

Ej. *sol* *fa*

La nota colocada en el segundo espacio, es decir, la inmediata superior al *sol*, será un *la*.

Ej. *sol* *la*

Procediendo de esta manera, se hallará el nombre de cada una de las demás notas.

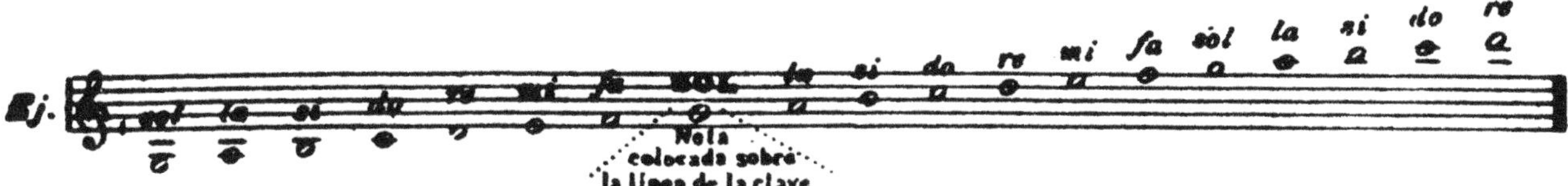

Téngase presente que despues de haber agotado la serie de los siete nombres de las notas, se empieza una segunda série idéntica, despues una tercera, etc.

---

(1) La clave de *fa* en 3ª línea, la de *do* en 2ª y la de *sol* en 1ª ya no se usan mas que para la trasposicion

ESCALA GENERAL

UTILIDAD DE LAS DIFERENTES CLAVES

21. La **escala general** es la reunión de todos los sonidos perceptibles al oido; desde el mas grave al mas agudo que puedan ser ejecutados por voces ó instrumentos.

Esta *escala* se divide en tres partes principales que toman el nombre de *registros*.

El *registro grave*, que comprende los sonidos mas graves. (1er tercio de la escala).

El *registro agudo*, que comprende los sonidos mas agudos. (3º ó último tercio de la escala).

El *registro médio*, que comprende los sonidos intermedios, mas agudos que los del registro grave y mas graves que los del registro agudo. (2º tercio de la escala).

22. Como la *escala general* tiene tan grande extensión, sería imposible escribir sobre un solo pentágrama los sonidos que ella contiene sin el auxilio de una infinidad de líneas adicionales. Para evitar este inconveniente, fué por lo que se inventaron las claves por medio de las cuales se pueden colocar sobre el pentágrama los diferentes registros de que se compone la escala general. (1)

EJERCICIO

Escribir encima de cada nota el nombre que le corresponde (Guiarse por la nota que ocupa la misma linea que la clave y cuyo nombre esta indicado).

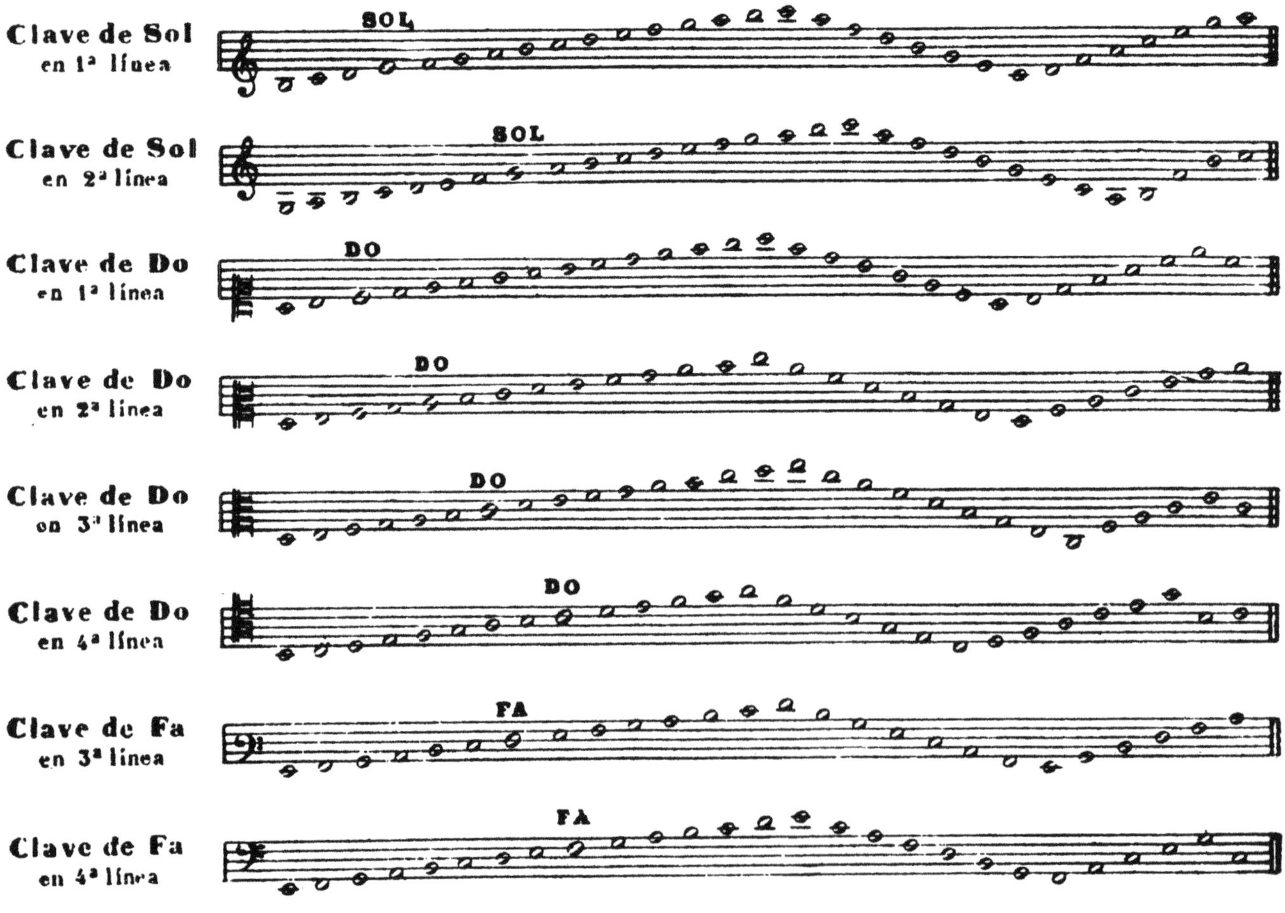

(1) Véase la nota (a) al final de la obra.

DE LA RELACIÓN DE LAS CLAVES ENTRE SI

7ª Lección.

23. Para designar á cada uno de los sonidos el puesto determinado que debe ocupar en la escala general, se ha convenido en elegir uno de ellos que, sirviendo de señal ó punto de partida, permita fijar la relación de todos los demás sonidos entre si. (1)

Este sonido es el *la*, colocado en clave de sol en 2ª línea, dentro del segundo espacio.

24. Por la siguiente tabla, que indica la relación de las claves entre si, se verá que este *la* puede hallarse igualmente en el pentagrama, empleando otras claves.

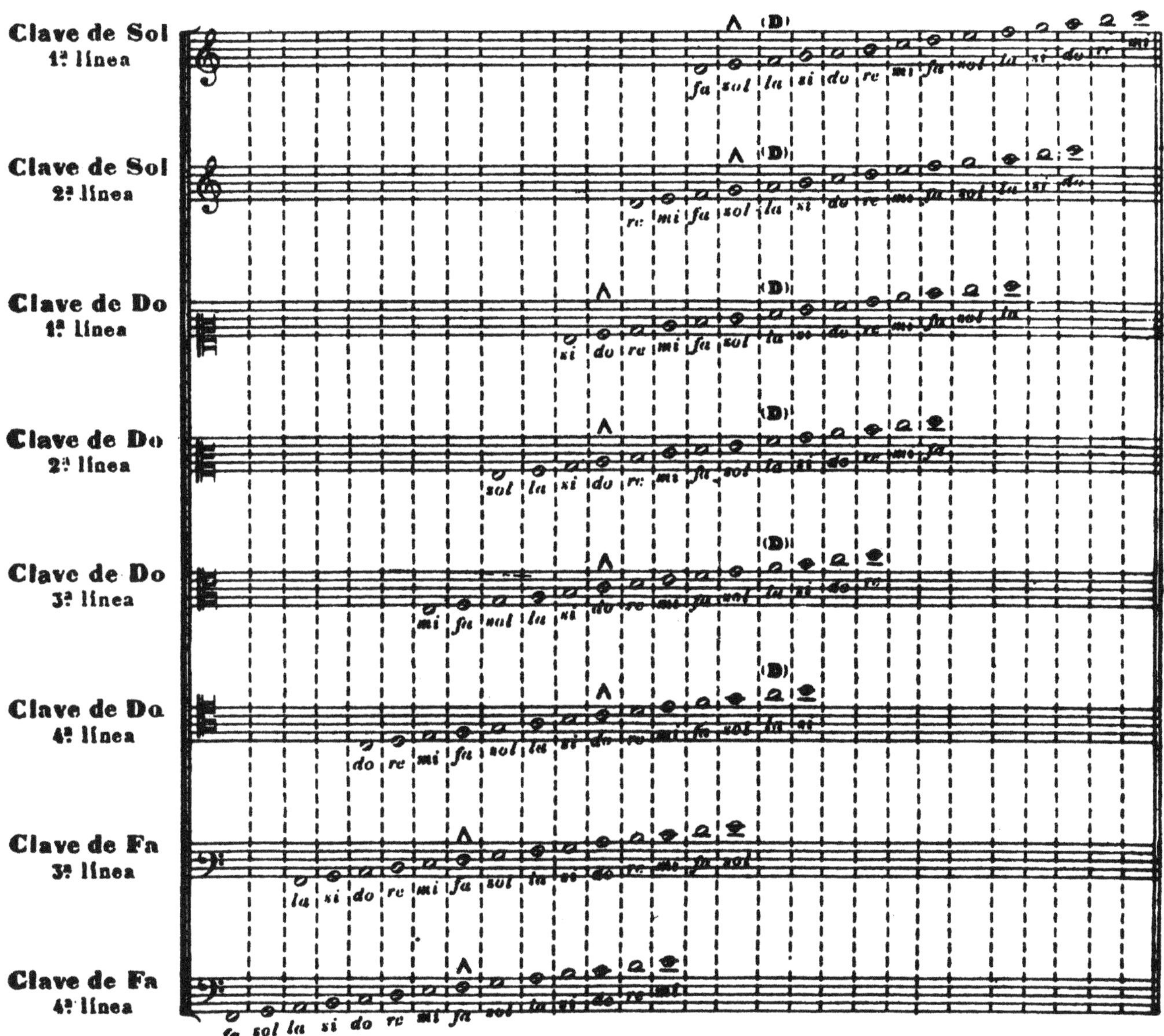

OBSERVACIONES.—1ª Las notas colocadas en una misma columna producen los mismos sonidos y llevan los mismos nombres.

2ª Las notas indicadas con este signo ∧ son las que están colocadas sobre la misma línea que ocupa la clave y llevan su mismo nombre.

3ª Las notas indicadas con una (D) son el *la* del diapasón.

---

(1) Véase la nota (*d*) al final de la obra.

DE LOS MOVIMIENTOS

25. Cuando dos notas inmediatas se suceden, forman el **movimiento conjunto**.

Movimientos conjuntos

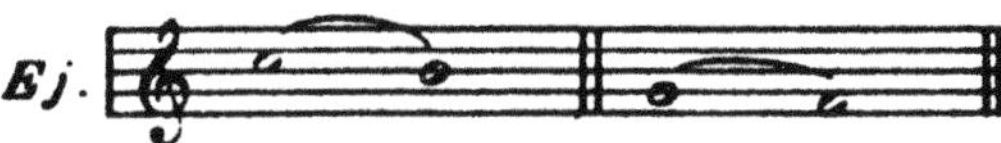

26. Cuando dos notas no inmediatas se suceden, forman el **movimiento disjunto**.

Movimientos disjuntos

EJERCICIOS

1º Escribir en clave de sol 2ª linea las notas siguientes colocadas en diferentes claves.

2º Indicar los movimientos que se hallan entre las notas que siguen.

8ª Lección.

DE LAS VOCES

27. Existen dos géneros de voces

1º Las voces de hombre,

2º Las voces de mujer ó niño (estas voces son una octava mas agudas que las de hombre).

28. Cada uno de estos géneros se divide en voces graves y voces agudas.

La voz	*aguda*	de mujer ó niño	se llama	**Soprano**.
—	*grave*	—	—	**Contralto**.
—	*aguda*	de hombre	—	**Tenor**.
—	*grave*	—	—	**Bajo**.

29. Las voces forman las siguientes subdivisiones.

TABLA DE LA SUBDIVISION DE LAS VOCES.

VOCES DE MUJER ó NIÑO.	Agudas.	***Soprano***, o primer soprano ó primer tiple.
		Mezzo soprano, ó segundo soprano ó segundo tiple.
	Grave.	*Contralto*.
VOCES DE HOMBRE.	Agudas.	*Primer tenor*.
		Segundo tenor.
	Graves.	*Primer bajo*, ó barítono.
		Segundo bajo, ó bajo profundo.

30. Estos diferentes géneros de voz (que tienen una extensión ordinaria de doce á trece notas sucesivas), ni ocupan un mismo registro en la escala general, ni se escriben todos en una misma clave. Por esta misma razón se escriben los instrumentos en claves diferentes, y hasta algunos de grande extensión usan una clave para las notas graves y otra para las agudas.

EJERCICIO

Reproducir la tabla de la subdivisión de las voces.

DE LA APLICACIÓN DE LAS CLAVES Á LAS VOCES Y Á LOS INSTRUMENTOS

9ª Lección.

31. Ya hemos visto (cuadro de la relación de las claves entre si, § 24). que la *clave de fa 4ª línea* es la que produce las notas mas graves de la escala general; pues que al presentar los registros cada vez mas agudos, las otras claves se suceden por el órden siguiente: la ***clave de fa* 3ª *línea***; la ***clave de do* 4ª *línea***; la ***clave de do* 3ª *línea***; la ***clave de do* 2ª *línea***; la ***clave de do* 1ª *línea***; la ***clave de sol* 2ª *línea***, y por fin la ***clave de sol* 1ª *línea***. [1]

Vamos ahora á indicar á que género de voces y á que instrumentos se aplican estas claves.

32. CLAVE DE FA EN 4ª LÍNEA.

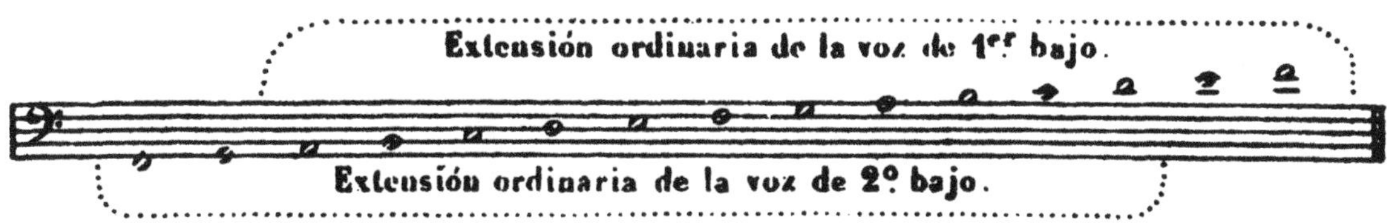

---

[1] Recordamos de nuevo (§ 19—*Nota*) que la clave de fa 3ª línea la de do en 2ª y la de sol en 1ª están hoy dia en desuso.

VOCES. { Primer bajo ó Barítono.(1)
Segundo bajo ó Bajo-profundo.

INSTRUMENTOS. { Fagot.
Trompa (para algunas notas solamente)
Trombón bajo.
Oficleide ó Figle.
Violoncelo.
Contrabajo.

33 CLAVE DE DO EN 4.ª LÍNEA.

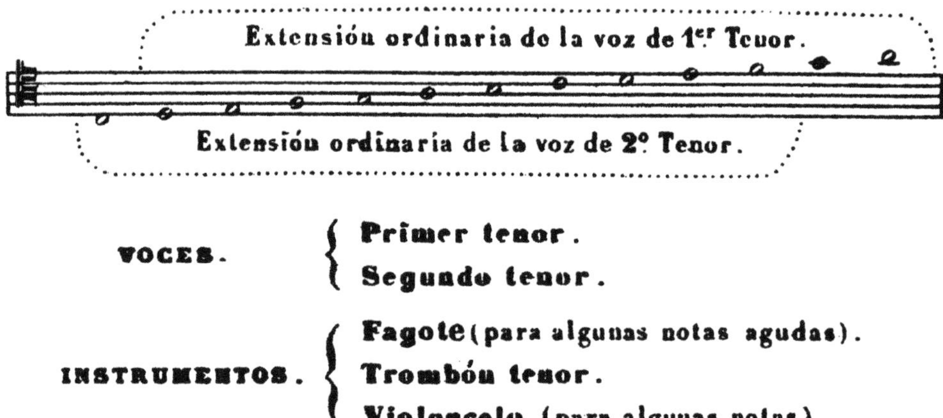

VOCES. { Primer tenor.
Segundo tenor.

INSTRUMENTOS. { Fagote (para algunas notas agudas).
Trombón tenor.
Violoncelo (para algunas notas).

34. CLAVE DE DO EN 3.ª LINEA.

VOCES. Contralto.

INSTRUMENTOS. { Trombón alto.
Viola.

35. CLAVE DE DO EN 1.ª LÍNEA.

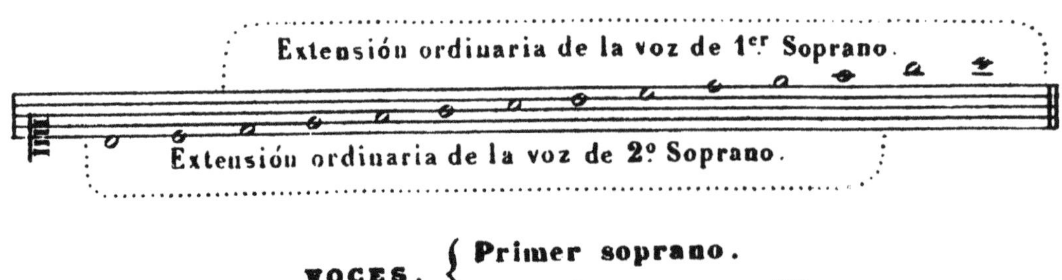

VOCES. { Primer soprano.
Segundo soprano.(2)

---

(1) Antiguamente se escribía en clave de fa 3.ª línea.
(2) Antes se escribía en clave de do 2.ª línea.

36. CLAVE DE SOL EN 2ª LÍNEA.

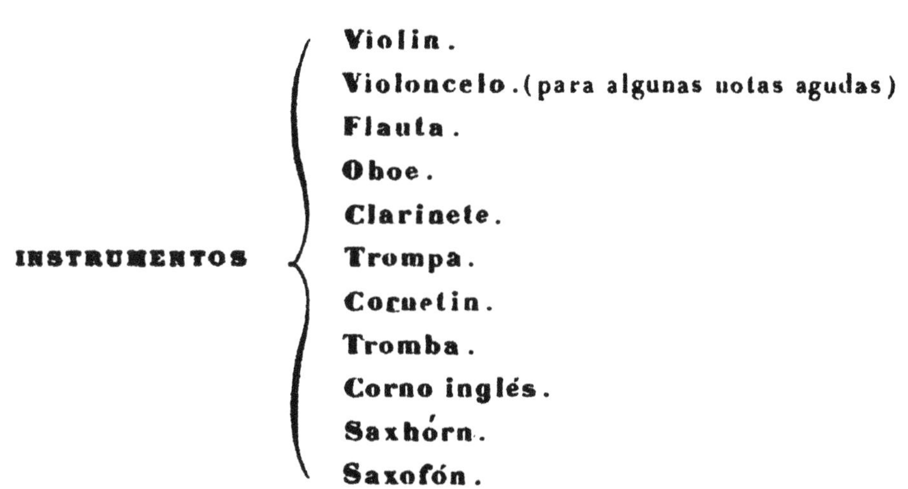

37. La música para **piano, órgano y arpa** se escribe sobre dos pentagramas.

El *pentagrama inferior*, sobre el que vá colocada la *clave de fa 4ª línea*, sirve para los sonidos graves, que ordinariamente ejecuta la mano izquierda.

El *pentagrama superior*, sobre el que vá colocada la *clave de sol 2ª línea*, sirve para los sonidos agudos, que ordinariamente ejecuta la mano derecha. (1)

Se unen estos dos pentagramas por medio de un rasgo, que en castellano se llama *llave*, y cuyo signo se coloca al principio de cada línea.

Ej. 

Existe aún otra clase de *llave* que se usa solamente en las *partituras* (2), y que sirve para abrazar dos ó mas pentágramas ocupados por instrumentos de una misma especie ó por diferentes partes corales.

Ej. 

---

(1) Véase la nota (e) al final de la obra.

(2) Se llama *Partitura* á la reunión de todas las partes de un trozo de música escrito para varias voces ó instrumentos.

Para efectuar esta reunión, se escriben todas las partes una debajo de otra, de manera que cada compás de una de ellas, corresponda al mismo compás de cada una de las otras. La *partitura* tiene la ventaja de que se puede abarcar de un solo golpe de vista el conjunto de una composición.

38. **OBSERVACIONES.** 1º Siendo mucho mas conocida la clave de sol 2ª línea que cualquiera de las de do, se escriben ordinariamente con esa clave todas las piezas de canto para voz de soprano ó tenor. La música escrita en clave de sol y ejecutada por voces de hombre, resulta al oido una octava mas baja que la anotación.

2º No siendo indispensable el conocimiento de todas las claves sino á aquellas personas que desean trasportar ó emprender el estudio de la harmonia y de la composición, las que se proponen solamente cantar ó tocar un instrumento, pueden limitarse al estudio de la clave correspondiente á su género de voz ó á su instrumento.

EJERCICIO

Reproducir la tabla precedente sobre la aplicación de las claves á las voces y á los instrumentos.

10ª Lección. DE LOS SILENCIOS

39. Los **silencios** son unos signos que indican la interrupción del sonido.

40. Hay *siete figuras de silencio* que expresan la duración mas ó menos larga de la interrupción del sonido, estas son:

1º La pausa de redonda ....

2º La pausa de blanca ....

3º La pausa de negra .... (1)

4º La pausa de corchea ....

5º La pausa de semicorchea..........

6º La pausa de fusa ....

7º La pausa de semifusa (2)........

La pausa de redonda se coloca *debajo de la cuarta línea* y la pausa de blanca *encima de la tercera linea* (3); las otras figuras se colocan indiferentemente sobre el pentagrama.

EJERCICIOS

1º Escribir, encima de cada una de las siguientes figuras, el nombre que le pertenece.

2º Trazar, debajo de cada uno de los siguientes nombres, la figura de silencio que lo expresa.

Pausa de Semicorchea. — Pausa de Negra. — Pausa de Blanca.
Pausa de Fusa. — Pausa de Redonda. — Pausa de Corchea.
Pausa de Semifusa.

3º Examinar todos los silencios que se hallen en una página de música.

---

(1) En algunas ediciones se da á la pausa de negra una de las formas siguientes .

(2) Obsérvese la relación que hay entre las dos primeras figuras y la que existe entre las cinco últimas. La pausa de redonda es la que se coloca *debajo* de la 4ª línea; la pausa de blanca es la *misma figura* colocada *encima* de la 3ª línea. La pausa de negra se parece á un *siete* al revés, la pausa de corchea á un *siete* bien trazado, y las figuras siguientes no difieren de esta última sino por el número de sus corchetes.

(3) No siempre se colocan las pausas de redonda y blanca debajo de la 4ª linea y encima de la 3ª respectivamente, pues á veces van colocadas debajo ó encima de otras líneas; pero esto es excepcional y siempre que se hace es para obtener mas claridad.

DEL VALOR RELATIVO DE LAS FIGURAS DE SILENCIO.

11ª Lección.

41. Estando dispuestas las *figuras de silencio* en el órden que hemos indicado (§ 40), la pausa de redonda representa la mas larga duración y cada una de las otras figuras vale la mitad de la què la precede y por consiguiente el doble de la que la sigue.

EJEMPLO

La pausa de redonda .... vale: 2 *pausas de blanca* ó 4 de negra ú 8 de corchea ó 16 de semicorchea ó 32 de fusa ó 64 de semifusa.

La pausa de blanca .... vale: 2 *pausas de negra* ó 4 de corchea ú 8 de semicorchea ó 16 de fusa ó 32 de semifusa.

La pausa de negra .... vale: 2 *pausas de corchea* ó 4 de semicorchea ú 8 de fusa ó 16 de semifusa.

La pausa de corchea .... vale: 2 *pausas de semicorchea* ó 4 de fusa ú 8 de semifusa.

La pausa de semicorchea .. vale: 2 *pausas de fusa* ó 4 de semifusa.

La pausa de fusa .... vale: 2 *pausas de semifusa*.

RELACIÓN DE VALOR ENTRE LAS FIGURAS DE NOTA Y LAS FIGURAS DE SILENCIO.

42. Cada figura de silencio tiene un valor correspondiente al de una figura de nota.

EJEMPLO

La pausa de *Redonda* equivale á una *Redonda*	*La pausa* de *Blanca* equivale á una *Blanca*	*La pausa* de *Negra* equivale á una *Negra*	*La pausa* de *Corchea* equivale á una *Corchea*	*La pausa* de *Semicorchea* equivale á una *Semicorchea*	*La pausa* de *Fusa* equivale á una *Fusa*.	*La pausa* de *Semifusa* equivale á una *Semifusa*

EJERCICIOS

1º Reproducir la tabla del valor relativo de las figuras de silencio (§ 41).

2º Escribir debajo de las siguientes figuras de silencio las figuras de las notas que tienen el mismo valor.

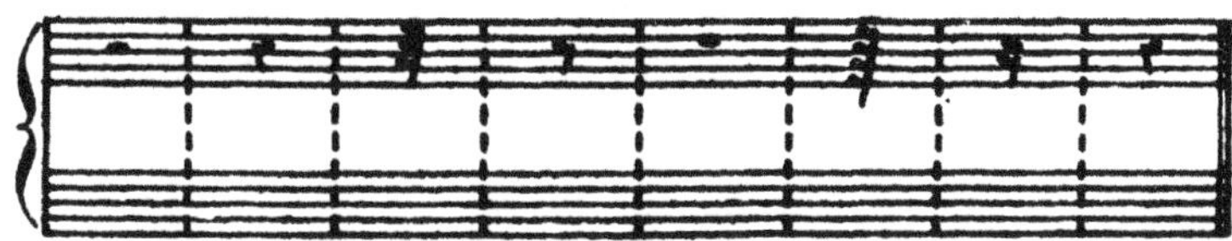

3º Escribir debajo de las siguientes figuras de nota las figuras de silencio que tienen el mismo valor.

DE LAS ALTERACIONES

12ª Lección.

43. Las **alteraciones** son unos signos que modifican el sonido de las notas á las cuales afectan.

Las alteraciones son tres:

1º El **sostenido** ♯, que sube la entonación de la nota.

2º El **bemol** ♭, que baja la entonación de la nota.

3º El **becuadro** ♮, que destruye el efecto del sostenido y del bemol. esto es, baja el sonido que antes ha elevado el sostenido, y sube el que anteriormente ha bajado el bemol.

44. Se colocan las alteraciones:

1º Delante de las notas que modifican y sobre la misma línea ó en el mismo espacio que ocupan dichas notas. (Su efecto se hace extensivo sobre todas las demás notas del mismo nombre que se hallen despues dentro del mismo compás [1] aunque estén en distintas octavas). En este caso toman el nombre de **alteraciones accidentales** ó **accidentes**.

2º Al principio del pentagrama é inmediatamente despues de la clave, siempre sobre la misma línea ó en el mismo espacio que ocupa la nota que ha de ser modificada. (Mientras que las alteraciones permanezcan en la clave, su efecto continuara sobre todas las notas del mismo nombre, sea cual fuere la octava en que estén colocadas).

45. Existen además:

1º El **doble sostenido** ♯♯ o x, que sube la entonación de la nota dos veces mas que el simple sostenido.

2º El **doble bemol** ♭♭, que baja la entonación de la nota dos veces mas que el simple bemol [2]

EJERCICIOS

1º Trazar las figuras de las alteraciones indicadas á continuación.

Bemol — Becuadro — Sostenido — Doble sostenido — Doble bemol.

2º Escribir el nombre de las alteraciones siguientes.

♮ — ♭ — ♯ — ♭♭ — x

3º Examinar detenidamente una página de música á fin de reconocer las alteraciones que se hallen en ella.

---

(1) Véase la palabra *compás*. (4ª Parte. 1ª lección. § 178)

(2) Véase la nota (*f*) al final de la obra.

COMPLEMENTO DE LOS SIGNOS DE ANOTACIÓN

DE LOS SIGNOS SECUNDARIOS

46. Hemos visto (§ 11) que los valores representados por las figuras de las notas pueden dividirse en ***mitades***, ***cuartos***, ***octavos***, etc; pero esas diferentes figuras no son suficientes para obtener todas las combinaciones posibles sobre la duración. Para este caso se han inventado otros signos que nosotros llamamos *signos **secundarios***.

Estos son: 1º El **puntillo** y el **doble puntillo**.
2º El **tresillo**.
3º La **ligadura**.

13ª Lección.

DEL PUNTILLO

47. El **puntillo** se coloca después de una nota, y aumenta el valor de esta nota la mitad de su duración primitiva.

Una blanca, por ejemplo, vale dos negras; con puntillo valdrá una negra màs, esto es, tres negras.

48. Resulta, pues, que con el anxilio del puntillo se pueden obtener duraciones equivalentes a tres cuartas partes del valor de cualquiera de las figuras de las notas. En el ejemplo que precede, la blanca con puntillo vale tres negras, y por consiguiente, equivale á tres cuartas partes de redonda.

49.

TABLA
DEL VALOR DE LAS NOTAS CON PUNTILLO

La redonda con puntillo	vale	3	***blancas***
La blanca con puntillo	—	3	***negras***
La negra con puntillo	—	3	***corcheas***
La corchea con puntillo	—	3	***semicorcheas***
La semicorchea con puntillo	—	3	***fusas***
La fusa con puntillo	—	3	***semifusas***

50. Igualmente puede colocarse tambien el puntillo después de las figuras de silencio. Su efecto es el mismo que cuando sigue á una figura de nota, esto es, aumenta al silencio la mitad de su duración.

Ordinariamente no se usa el puntillo después de las pausas de redonda, blanca y negra, sino que solo se emplea ä partir de la pausa de corchea.

51

TABLA

DEL VALOR DE LOS SILENCIOS CON PUNTILLO

La pausa de corchea con puntillo........ vale: 1 *pausa de corchea y* 1 *cuarto de pausa de negra*....

La pausa de semicorchea con puntillo. — 1 *pausa de semicorchea y* 1 *octavo de pausa de negra.*

La pausa de fusa con puntillo........... — 1 *pausa de fusa y* 1 *diezíseis avo de pausa de negra*

DEL DOBLE PUNTILLO

52. Pueden tambien colocarse dos puntillos después de una nota ó de un silencio. El segundo puntillo aumenta la duración de la nota ó del silencio la mitad del valor del primer puntillo, es decir, aumenta aún á la nota ó al silencio la cuarta parte de su duración primitiva. (1)

53. Resulta, pues, que con el auxilio del doble puntillo se pueden obtener duraciones equivalentes á siete octavas partes del valor de cualquiera de las figuras de las notas. En el ejemplo que precede, la blanca con dos puntillos equivale á siete octavos de redonda.

EJERCICIOS

1º Indicar la relación de valor de cada una de las siguientes figuras de nota con puntillo con las figuras de nota simples. (2)

Blanca con puntillo — Corchea con puntillo — Fusa con puntillo

2º Indicar la relación de valor de cada una de las siguientes figuras de nota con doble puntillo con las figuras de nota simples.

Blanca con dos puntillos — Corchea con dos puntillos

(1) Aún se podrían añadir, lo que raras veces acontece, un tercero y hasta un cuarto puntillo: el tercer puntillo valdría, pues, la mitad del segundo y el cuarto la mitad del tercero.

(2) Para facilitar la demostración llamamos nota ó valor simple, al representado por una figura de nota sin puntillo y mientras no forme parte de un tresillo. (Véase para el tresillo la lección que sigue.)

14ª Lección.

54. El **tresillo** es la *división ternaria* de una figura de nota.

55. Ya hemos visto anteriormente (§ 10) que el valor de una figura de nota es divisible por dos (cuya división se llama *binaria*); pero hasta ahora no conocíamos ningun signo para dividir la duración de una figura de nota en tres partes iguales.

Esta división se obtiene por medio del tresillo y se llama división *ternaria*.

56. A fin de no aumentar los signos que sirven para escribir la música, lo cual haria dificil su lectura, se emplean para representar el tresillo, las mismas figuras de duración que ya conocemos. Solamente que tres de estas figuras (ó un número de figuras equivalente á la misma suma de valor) empleadas en una división ternaria, tienen igual valor que dos de las mismas empleadas en una división binaria.

Se coloca la cifra 3 encima ó debajo del tresillo, cuya cifra es suficiente para indicar la división ternaria.

Este tresillo de corcheas equivale á una negra. Cada corchea vale por consiguiente el tercio de una negra.

57. TABLA DE LOS VALORES DE LAS NOTAS EN TRESILLO.

La redonda	vale:	3 *blancas*	*en tresillo*	
La blanca	—	3 *negras* ....—........		
La negra	—	3 *corcheas* ....—........		
La corchea..................	—	3 *semicorcheas* ......—.......		
La semicorchea	—	3 *fusas* ....—........		
La fusa	—	3 *semifusas* ....—........		

58. Puede un tresillo no formar un grupo de tres notas iguales, *con tal que la suma de sus duraciones sea equivalente á la de tres notas iguales.*

EJEMPLO.

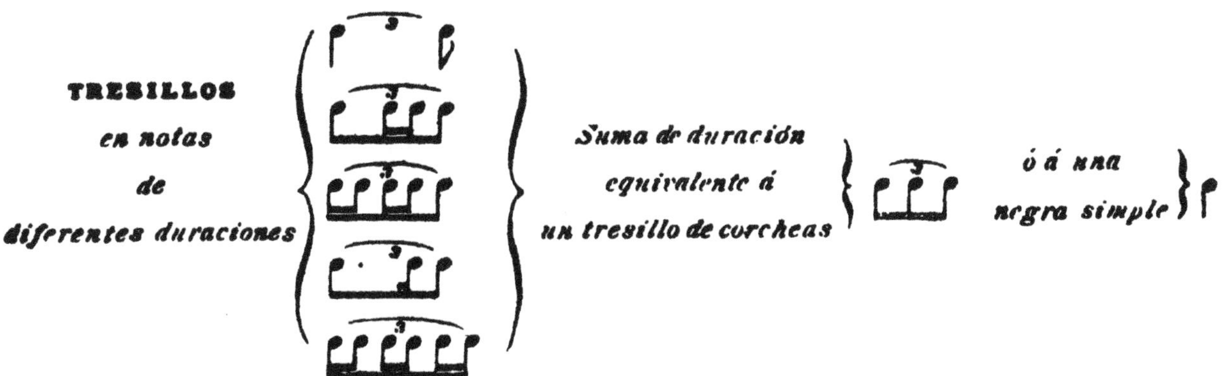

59. Los silencios pueden tambien formar parte del tresillo; en este caso su v debe ser igual al de las notas que reemplacen.

DEL SEISILLO

60. El **seisillo** es la reunión en un solo grupo de dos tresillos inmediatos.

En vez de señalar con un *3* cada tresillo por separado, se indica con un *6* colocado encima del grupo entero.

61. Es preciso no confundir el *seisillo* con el *tresillo* en el cual cada nota esta dividida en dos.

El primero es la *división ternaria* de las notas de un *grupo binario*

El segundo es la *división binaria* de las notas de un *grupo ternario* (Este forma parte de los tresillos como ya hemos tratado en el § 58)

DE LAS DIVISIONES IRREGULARES

62. A veces se presentan unos grupos que dividen irregularmente una figura de nota.

Estos grupos compuestos de un número de notas impar, como por ejemplo. de 5, de 7, de 9, etc., son representados por la especie de nota par que proporciona la division mas análoga é indicados siempre por una cifra sobrepuesta al grupo.

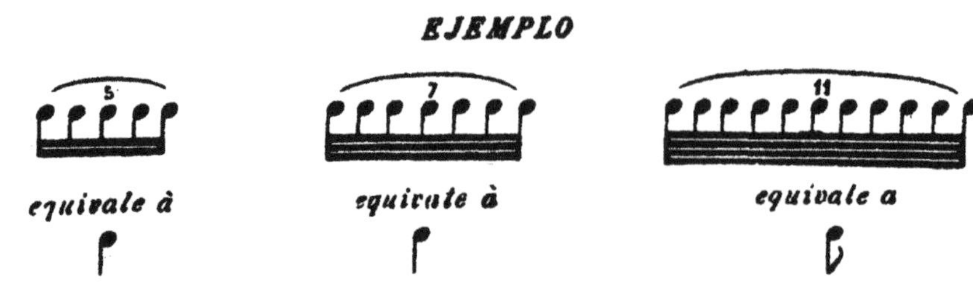

EJERCICIOS

1º Escribir algunos tresillos de corcheas que equivalgan á la duración de los siguientes valores.

2º Escribir varios tresillos unos con valores desiguales y otros conteniendo silencios, equivalentes á la duración de las figuras siguientes.

3º Escribir seisillos que sean equivalentes á la duración de las siguientes figuras.

4º Escribir algunos grupos de 5, 7, 9 y 11 notas, que equivalgan á la duración de las figuras siguientes.

15ª Lección.

DE LA LIGADURA

63. La **ligadura** (1) es un signo que une dos notas de un mismo sonido y casi siempre de un mismo nombre, aunque sean de diferente duración.

Este signo indica la unión del valor de la segunda nota al valor de la primera.

Se dice entonces que las dos notas son *ligadas*.

Ej. 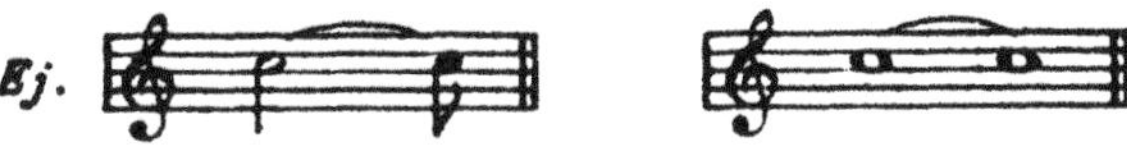

El primer ejemplo expresa una duración igual á una blanca y una corchea.

El segundo ejemplo expresa una duración igual á dos redondas.

64. Igualmente pueden ligarse unas á otras mas de dos notas consecutivas

Ej.  

65. La *ligadura* es indispensable para obtener las duraciones que no se pueden escribir por medio de los signos de que ya hemos hablado anteriormente.

EJERCICIOS

1º Escribir por medio de notas ligadas valores equivalentes:

á cinco corcheas.
á tres redondas y una blanca.
á dos redondas y tres corcheas.
á una blanca, una corchea y una semicorchea.

2º Hacer la recapitulación de esta primera parte y ejercitarse después en examinar obre una página de música, todos los signos de los cuales se ha tratado hasta aquí.

FIN DE LA PRIMERA PARTE

(1) Hablamos aquí de la ligadura solamente como signo de duración; mas adelante veremos su significado como signo de acentuación.

SEGUNDA PARTE

LA ESCALA—LOS INTERVALOS.

DE LA ESCALA DIATÓNICA

1ª Lección.

66. Se llama **escala diatónica** una sucesión de sonidos, dispuestos por movimiento conjunto y segun las leyes de la tonalidad. (1)

Sucediéndose las siete notas de esta manera: ***do. re, mi, fa, sol, la, si***, (cuyo órden ya hemos dado á conocer en el párrafo 15) y añadiendo á dichas notas un octavo sonido, tendremos formada la *escala diatónica*.

Este octavo sonido es la primera nota repetida en la octava superior.

El *do*. nota final de esta serie, puede ser igualmente la nota inicial de otra nueva serie, semejante á la primera. pero mas aguda.

Las notas de la escala toman tambien el nombre de **grados**.

TONO Y SEMITONO

67. Los *grados* ó notas de la escala no guardan igual espacio entre sí: entre unos la distancia es mayor, entre otros es menor.

La distancia mayor se llama **tono**.

La distancia menor se llama **semitono**.

---

(1) Se tratara de la tonalidad en la 3ª parte.

68. El tono existe:

entre el	1.er *grado*	y el	2.º	*grado*.
—	2.º	—	3.er	—
—	4.º	—	5.º	—
—	5.º	—	6.º	—
—	6.º	—	7.º	—

El semitono se halla:

entre el	3.er *grado*	y el	4.º	*grado*.
—	7.º	—	8.º	—

Ej. 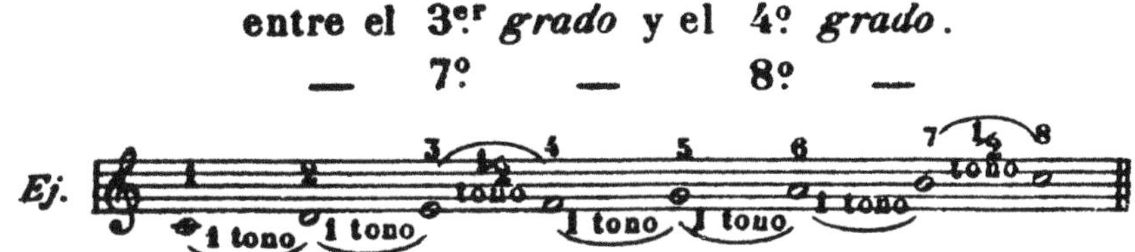

69. La escala diatónica consta, pues, de 5 *tonos* y 2 *semitonos*.

Veremos, mas adelante, que la escala diatónica, no solo puede empezar por el *do*, sino por cualquier otra nota.

EJERCICIO

Reproducir la escala escrita en los ejemplos que preceden é indicar entre qué grados se colocan los tonos y semitonos.

DE LA DIVISIÓN DEL TONO

SEMITONO DIATÓNICO Y SEMITONO CROMÁTICO

2.ª Lección.

70 El *tono* se divide en dos *semitonos*.

Entre dos notas separadas por un tono, por ejemplo, *do-re*, existe un sonido intermedio.

De la nota *do* á ese sonido intermedio, hay un semitono.

De ese sonido intermedio á la nota *re*, hay otro semitono.

El sonido intermedio puede obtenerse:

1.º Subiendo el sonido de la nota inferior por medio de un sostenido ♯. (El sostenido sube un semitono el sonido de la nota delante de la cual se coloca.)

Ej. 

2.º Bajando el sonido de la nota superior por medio de un bemol ♭. (El bemol baja un semitono el sonido de la nota delante de la cual se coloca.)

Ej. 

El sonido intermedio puede colocarse siempre entre dos sonidos separados por un tono; por consiguiente, el tono puede siempre dividirse en dos semitonos

SEMITONO DIATONICO — SEMITONO CROMÁTICO.

71. Los dos *semitonos* que forman un *tono* no son iguales: uno es mayor que el otro.

El menor se llama **semitono diatónico**.

El mayor se llama **semitono cromático**. (1)

El **semitono diatónico** es el que existe entre dos notas de *diferente nombre* (ó sea de grado á grado).

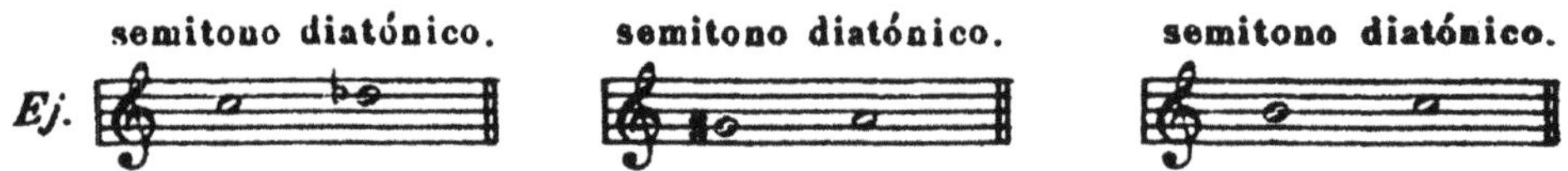

El **semitono cromático** es el que existe entre dos notas de *un mismo nombre, pero estando una de ellas alterada* (ó sea de un grado al mismo grado alterado).

72. Se vé por lo que precede que el tono contiene siempre *dos semitonos de diferente naturaleza*: uno *diatónico* y otro *cromático*.

Si se pasa del *do* al *re* subiendo la nota inferior por medio del sostenido, el semitono cromático se presenta antes que el diatónico.

Si se pasa del *do* al *re* bajando la nota superior, tiene lugar lo contrario; el semitono diatónico se presenta antes que el cromático.

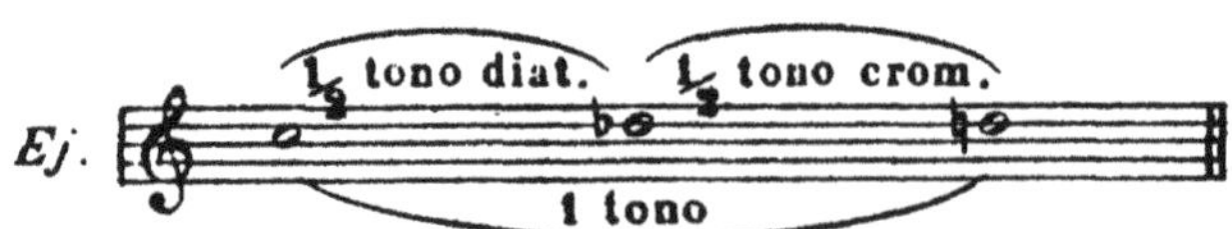

73. OBSERVACIÓN — El tono se divide en 9 partes iguales; cada una de esta partes se llama **Coma**. Es la menor diferencia apreciable al oido entre dos sonidos. (2)

El semitono diatónico, que es el menor, vale 4 comas, es decir $\frac{4}{9}$ de tono.

El semitono cromático, que es el mayor, vale 5 comas, es decir $\frac{5}{9}$ de tono.

---

(1) Sobre este punto los fisicos no están acordes con los músicos.

(2) Algunos pretenden que el tono se divide en cinco comas; segun las leyes de la acústica hay varias especies de comas, etc; pero estos hechos, asi como las consideraciones que llevan consigo, no tienen importancia alguna desde el punto de vista práctico de la música.

La distancia de una coma se halla, pues, entre el sonido sostenido y el sonido bemolado que dividen el tono.

El sonido sostenido es una coma mas agudo que el sonido bemolado.

EJEMPLO

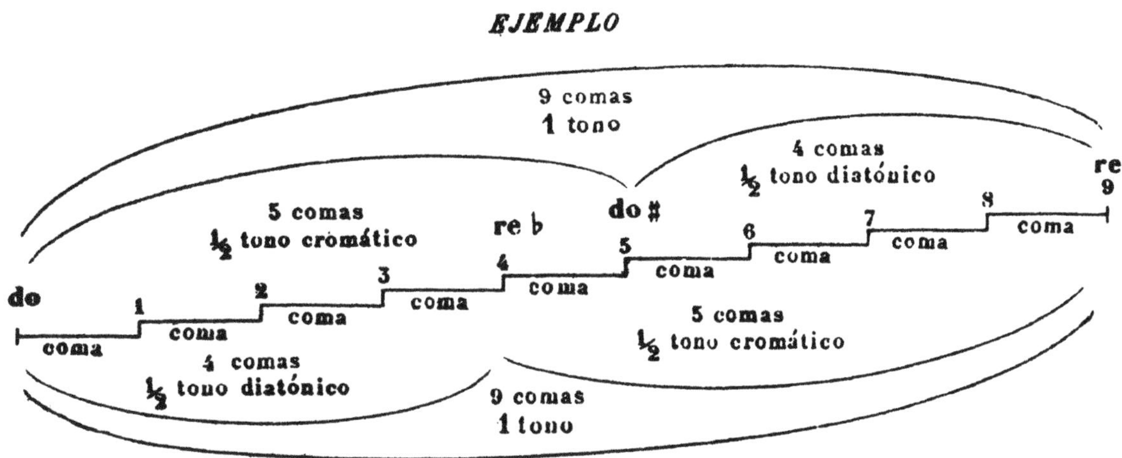

74 . En este ejemplo la linea angulosa representa la distancia que separa el *do* del *re*.

Cada uno de los nueve escalones de esta linea, representa una coma.

Se vé por consiguiente:

1º Que de *do* á *do sostenido*, semitono cromático, hay cinco comas, y que de *do sostenido a re*,[1] semitono diatónico, hay cuatro comas.

2º Que de *do* á *re bemol*, semitono diatónico, hay cuatro comas, y de *re bemol* á *re*, semitono cromático, hay cinco comas.

3º Que de *re bemol* á *do sostenido*, hay una coma

75 . En los instrumentos en que se ha de producir el sonido, como el violin, el violoncelo, etc, el ejecutante llevado por el sentimiento melódico se somete involuntariamente á esta diferencia.

En los instrumentos de sonidos fijos, como el piano ó el órgano, se ha adoptado el acorde temperado ó temperamento. Estando los dos semitonos tan próximos uno de otro, reparten el tono en dos partes iguales, dando el mismo sonido y ejecutándose con la misma tecla.

El temperamento favorece la enharmonía de la cual trataremos en el capítulo que sigue.

EJERCICIOS

1º Escribir la nota sostenida y la bemolada que forman semitono entre las notas siguientes.

2º Indicar de que especie son los semitonos que se hallan entre las notas inmediatas siguientes.

---

(1) Se llama algunas veces *nota natural* la que ni es sostenida ni bemolada; asi, se podria decir "de *Do* sostenido á *Re natural*." La palabra *natural* nos parece supérflua, puesto que solo debe especificarse la alteración que afecta á una nota; por consiguiente cuando no se especifica se comprende que la nota no está alterada.

3ª Lección.

76. La **enharmonía** es la relación, la especie de sinonimia que existe entre dos notas de diferente nombre, pero afectas ambas á un mismo sonido: (1) *do* ♯ y *re* ♭, *mi* y *fa* ♭, forman, pues, una **enharmonia**.

Las notas que forman la enharmonia se llaman **notas enharmónicas**: (2) *do* ♯ y *re* ♭ son por consiguiente *enharmónicas* una de la otra; siendo *do* ♯ *nota enharmónica* de *re* ♭, y *re* ♭ *nota enharmónica* de *do* ♯.

EJERCICIO

Escribir al lado de cada una de las siguientes notas, la que forma enharmonia con ella.

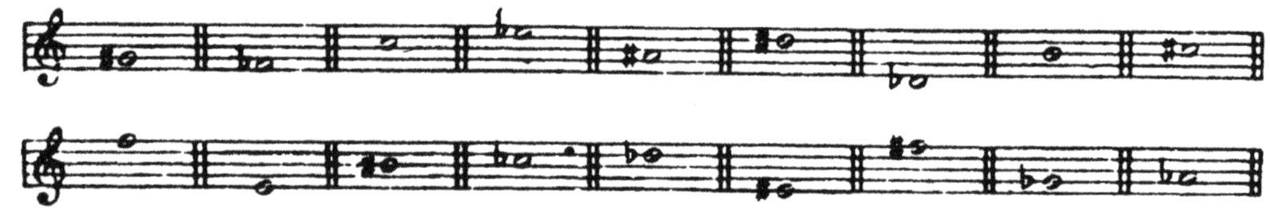

DE LOS INTERVALOS.

4ª Lección.

77. Se llama **intervalo** la distancia que separa dos sonidos.

Se miden los intervalos por el número de grados que contienen, incluso el sonido agudo y el grave. El número de grados está expresado por el nombre del intervalo.

78. El intervalo puede ser **ascendente** ó **descendente**.

Es **ascendente** cuando se mide del grave al agudo. (Cuando la primera nota que se nombra representa el sonido grave.)

Es **descendente** cuando se mide del agudo al grave. (Cuando la primera nota que se nombra representa el sonido agudo.)

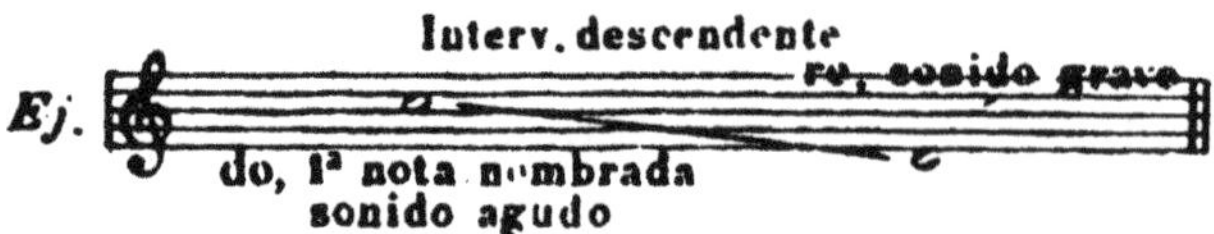

Mientras no se advierta lo contrario, se considerará siempre el intervalo como **ascendente**.

---

(1) Por consecuencia natural del temperamento del cual hemos hablado en la lección anterior.

(2) Se les llama tambien *notas sinónimas*.

79. Se llama **unísono** el mismo sonido producido por varias voces ó instrumentos; por consiguiente el unísono no es un intervalo. (1)

80. NOMBRES DE LOS INTERVALOS

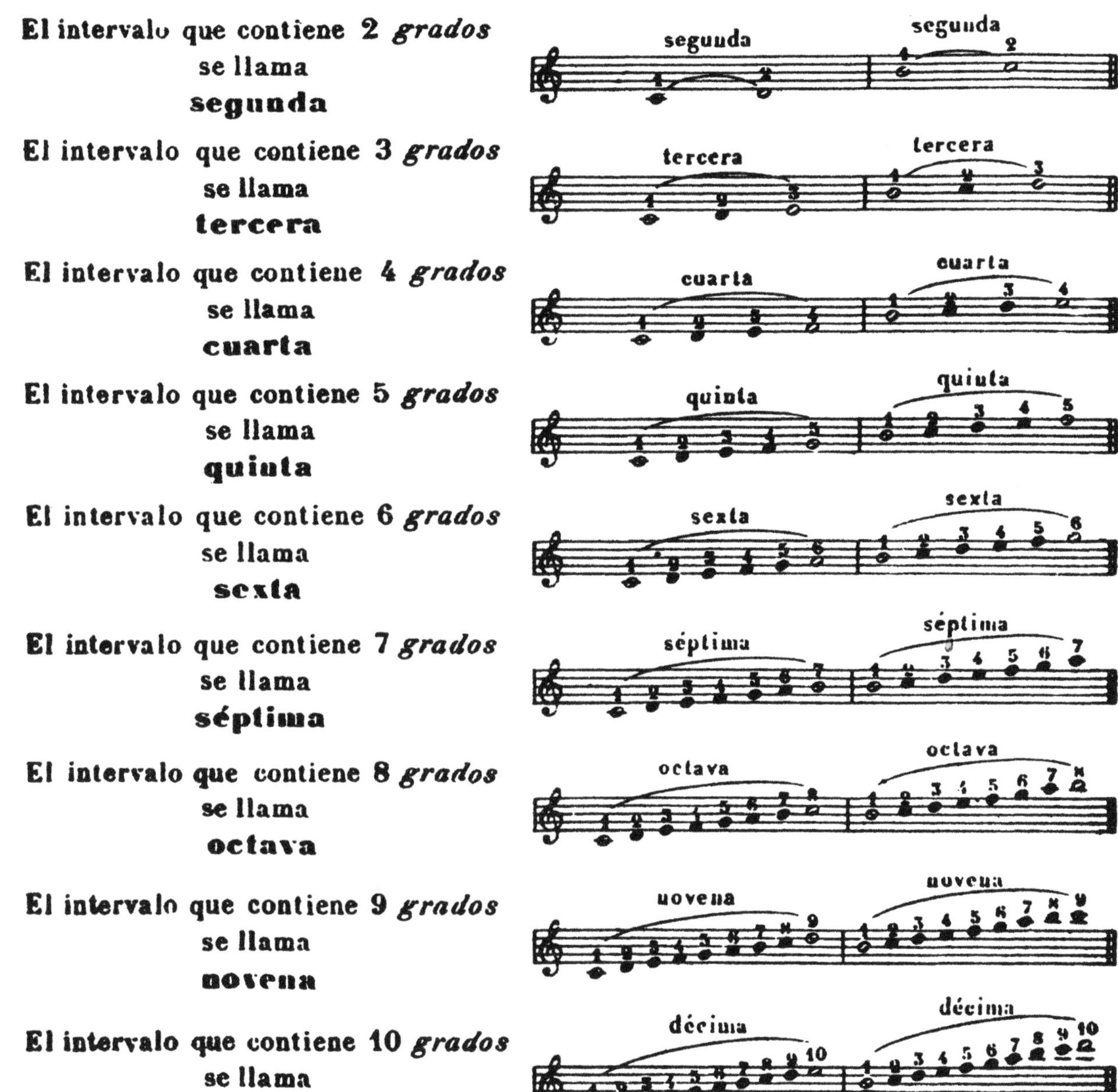

El intervalo que contiene 2 *grados* se llama **segunda**

El intervalo que contiene 3 *grados* se llama **tercera**

El intervalo que contiene 4 *grados* se llama **cuarta**

El intervalo que contiene 5 *grados* se llama **quinta**

El intervalo que contiene 6 *grados* se llama **sexta**

El intervalo que contiene 7 *grados* se llama **séptima**

El intervalo que contiene 8 *grados* se llama **octava**

El intervalo que contiene 9 *grados* se llama **novena**

El intervalo que contiene 10 *grados* se llama **décima**

81. Si el intervalo fuese descendente, en lugar de contar el número de grados que contiene partiendo del sonido grave, se contarán partiendo del sonido agudo.

Ej. Intervalo descendente de **sexta**

sexta

(1) De un sonido al mismo sonido no hay intervalo: como en geometría, de un punto al mismo punto no hay distancia.

EJERCICIOS

1º Reproducir la tabla de los nombres de los intervalos tomando como punto de partida la nota *re* para la primera columna y la nota *la* para la segunda.

2º Indicar el intervalo que separa la dos notas unidas por una línea curva, en el siguiente ejercicio.

(Siguen los Intervalos)

DE LOS INTERVALOS SIMPLES Y COMPUESTOS [1]

5ª Lección.

82. Llámase **intervalo simple** el que no excede la extensión de una octava; por consiguiente:

La segunda
La tercera
La cuarta
La quinta
La sexta
La séptima
La octava

} son **intervalos simples**.

83. Llámase **intervalo compuesto** el que excede la extensión de una octava, por consiguiente:

La novena
La décima
La undécima

} son **intervalos compuestos**.

El intervalo se puede doblar á una ó mas octavas del intérvalo simple.

[1] En la edición francesa el autor llama *redoublés* á los intervalos compuestos, y expone sus razones por por medio de la siguiente nota: "En lugar de *redoublés* (doblados) se dicen á veces *composés* (compuestos); pero nosotros no hemos querido emplear esta última denominación, por parecernos que no dá suficiente idea de lo que debe expresar."

84. Para hallar el intervalo simple de un intervalo compuesto, se ha de rebajar tantas veces como sea necesario la cifra 7 del número de grados contenidos en este intervalo, hasta que resulte un resíduo que no sea mayor á 8. Este resíduo expresará el intérvalo simple.

EJEMPLO

Para hallar el intervalo simple de la 16ª, se rebajará dos veces 7. es decir 14: el resíduo será 2. La 16ª será, pues, una *segunda* doblada ó elevada á dos octavas.

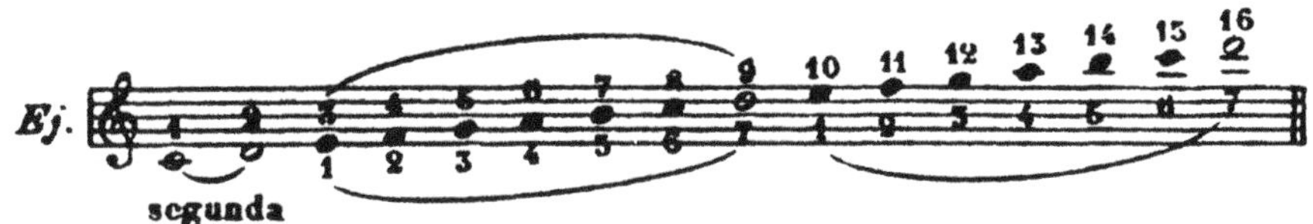

85. Para hallar el intervalo compuesto de un intervalo simple. se ha de añadir al número de grados que contiene este intérvalo, tantas veces la cifra 7 como octavas se quiera doblar.

EJEMPLO

Para doblar la *tercera* á una octava, se añadirá al 3 la cifra 7, lo que dará la *décima*.

Para doblar la *tercera* á dos octavas, se añadirá al 3 dos veces la cifra 7. es decir. 14. lo que dará por resultado. la *decimaséptima*.

EJERCICIOS

1º Indicar los intervalos simples de los siguientes intervalos compuestos

2º Indicar los intervalos compuestos de los siguientes intervalos simples.

DE LAS CALIFICACIONES DE LOS INTERVALOS

6ª Lección.

86. Aunque los intervalos contengan un mismo número de grados, no son siempre iguales entre sí; por ejemplo, de *do* á *mi*, media una tercera, como igualmente media una *tercera*, entre el *do sostenido* y el *mi* ó entre el *do sostenido* y el *mi bemol*. puesto que estos intervalos contienen siempre tres grados.

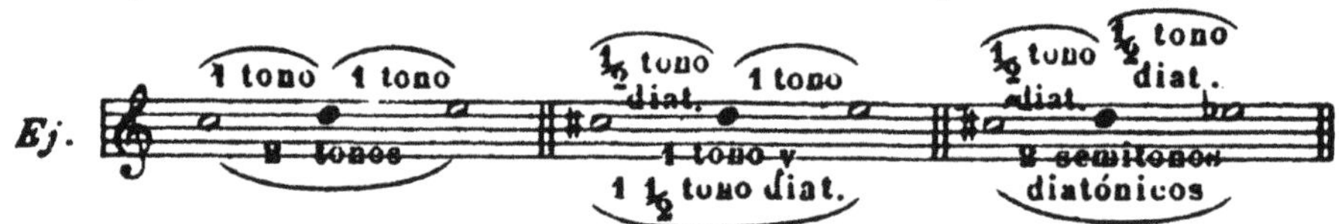

A pesar de esto, estas *terceras* no son iguales, puesto que de *do* á *mi*, hay dos tonos; de *do sostenido* á *mi*, un tono y un semitono diatónico y de *do sostenido* á *mi bemol* dos semitonos diatónicos.

Hay, pues, varias especies de *segundas*, *terceras*, *cuartas*, etc.

87. Para distinguir esas diferentes especies, existen las siguientes calificaciones:

menor — mayor — justa — disminuida y aumentada.

(Existen aun las calificaciones de **subdisminuida** y **superaumentada**; pero estas especies raramente se usan.)

He aquí la tabla de las calificaciones que pertenecen á cada intervalo.

La segunda	puede ser	....	*menor*	*mayor*	....	*aumentada*
La tercera	—	*disminuida*	*menor*	*mayor*	....	*aumentada*
La cuarta	—	*disminuida*	....	....	*justa*	*aumentada*
La quinta	—	*disminuida*	....	....	*justa*	*aumentada*
La sexta	—	*disminuida*	*menor*	*mayor*	....	*aumentada*
La séptima	—	*disminuida*	*menor*	*mayor*	....	....
La octava	—	*disminuida*	....	....	*justa*	*aumentada*

El intervalo compuesto lleva siempre las mismas *calificaciones* que el intervalo simple de donde procede.

OBSERVACIONES 1ª A los intervalos que admiten las calificaciones de *mayor* y *menor*, no se les puede aplicar la de *justa* y *vice versa*.

2ª La **segunda** es el único intervalo que no puede ser *disminuido*, y la **séptima** es el único que no puede ser *aumentado*.

3ª El intervalo *disminuido* es siempre mas pequeño que el intervalo *menor* ó *justo*.

4ª El intervalo *aumentado* es siempre mas grande que el intervalo *mayor* ó *justo*. (Comprobar estas observaciones en la precedente tabla.)

Se vé por lo que llevamos dicho que el intervalo toma *su nombre* del número de grados que contiene, y *su calificación* del número de tonos y semitonos que separan estos grados.

EJERCICIO

Reproducir la tabla de las calificaciones que corresponden á cada intervalo.

(Siguen los Intervalos)

DE LA COMPOSICIÓN DE LOS INTERVALOS

7ª Lección.

88. Vamos á dar á continuación la tabla de la composición de los intérvalos (por tonos y semitonos), presentando después una mnemónica para que se pueda retener facilmente en la memoria.

TABLA DE LA COMPOSICIÓN DE LOS INTERVALOS. (1)

segundas	La segunda disminuida no es mas que la enharmonia. (§76). Esta segunda es inadmisible como intérvalo superior, puesto que se cruzarian los dos sonidos	*menor* 1 semitono diatónico	*mayor* 1 tono	*aumentada* 1 tono y 1 semitono cromático
terceras	*disminuida* 2 semitonos diatónicos	*menor* 1 tono y 1 semitono diatónico	*mayor* 2 tonos	*aumentada* 2 tonos y 1 semitono cromático
cuartas	*disminuida* 1 tono y 2 semitonos diatónicos	*justa* 2 tonos y 1 semitono diatónico		*aumentada* 2 tonos 1 semitono diatónico y 1 semitono cromático ó 3 tonos (2) Entonces se llama tritono
quintas	*disminuida* 2 tonos y 2 semitonos diatónicos	*justa* 3 tonos y 1 semitono diatónico		*aumentada* 3 tones 1 semitono diatónico y 1 semitono cromático 4 tonos (2)
sextas	*disminuida* 2 tonos y 3 semitonos diatónicos	*menor* 3 tonos y 2 semitonos diatónicos	*mayor* 4 tonos y 1 semitono diatónico	*aumentada* 4 tonos 1 semitono diatónico y 1 semitono cromático
séptimas	*disminuida* 3 tonos y 3 semitonos diatónicos	*menor* 4 tonos y 2 semitonos diatónicos	*mayor* 5 tonos y 1 semitono diatónico	La séptima aumentada podria explicarse teoricamente, pero en la práctica está absolutamente en de-uso.
octavas	*disminuida* 4 tonos y 3 semitonos diatónicos	*justa* 5 tonos y 2 semitonos diatónicos		*aumentada* 5 tonos 2 semitonos diatónicos y 1 semitono cromático

(1) Algunos teóricos de gran autoridad aplican á la 4ª y á la 5ª las calificaciones de *menor* y de *mayor* excluyendoles la de *justa*. Las razones sobre que fundan su opinión son dignas de ser consideradas, no obstante, nosotros nos hemos conformado al uso establecido en el Conservatorio

Desde el punto de vista práctico esta cuestión no tiene importancia alguna; sin embargo, bueno será saber á que especie de *cuartas* y *quintas* se aplican las calificaciones de *mayor* y de *menor*.

La cuarta menor es nuestra cuarta justa	La cuarta mayor es nuestra cuarta aumentada	La quinta menor es nuestra quinta disminuida	La quinta mayor es nuestra quinta justa

Véase la nota (*g*) al final de la obra.

(2) El total es el mismo. La diferencia en la manera de expresarse es motivada por los grados intermedios que separan las dos notas que forman el intervalo. Asi, para la *cuarta aumentada* que se coloca en la escala menor entre el 4º y 7º grado, se enunciará su composición por 2 tonos, 1 semitono diatónico y 1 semitono cromático, si la sexta de la escala es menor; y si al contrario la sexta de la escala es mayor, se dirá 3 tonos. (Véase para la escala menor la 3ª parte, 8ª y 9ª lección.)

MNEMÓNICA

para retener facilmente en la memoria la composición de los intervalos.

A — REGLAS CONCERNIENTES Á LOS INTERVALOS

MENORES, MAYORES Y JUSTOS.

89. 1º Los *tonos* y *semitonos*, contenidos en un intervalo menor, mayor ó justo, sumados todos juntos, ***deben dar un total inferior de 1 á la cifra que representa el intervalo***.

2º Los intervalos mayores ó justos tienen 1 ***semitono diatónico***.

3º Los intervalos menores tienen 2 ***semitonos diatónicos***.

EXCEPCIONES — La 2ª y la 3ª mayores no tienen semitonos.
La 2ª y la 3ª menores no tienen mas que un semitono.
La 8ª justa tiene dos semitonos.

EJEMPLOS

Para hallar la composición de la quinta justa, ya sabemos:

1º Que el número de tonos y semitonos debe ser inferior de 1 á la cifra 5 que representa la quinta; este numero será, pues, el 4.

2º Que el intervalo justo tiene 1 semitono diatónico.

Luego, si 4 es el total de los tonos y semitonos, si el intervalo justo tiene 1 semitono, la quinta justa contiene pues:

3 tonos
y 1 semitono diatónico
Total 4, número inferior de 1 á la cifra 5
que representa la quinta.

B — REGLA ÚNICA Y SIN EXCEPCIÓN

CONCERNIENTE Á LOS INTERVALOS AUMENTADOS.

90. El intervalo ***aumentado*** tiene siempre ***un semitono cromático mas*** que el intérvalo ***mayor*** ó ***justo***.

EJEMPLO

Para hallar la composición de la quinta aumentada, ya sabemos que se ha de añadir un semitono cromático á la composición de la quinta justa. Luego, si la quinta justa contiene 3 tonos y 1 semitono diatónico, la quinta aumentada contendrá 3 tonos, 1 semitono diatónico y 1 semitono cromático.[1]

El intervalo ***superaumentado*** tiene siempre un semitono cromático ***mas*** que el intervalo aumentado.

C — REGLA ÚNICA Y SIN EXCEPCIÓN

CONCERNIENTE Á LOS INTERVALOS DISMINUIDOS.

91. El intervalo ***disminuido*** tiene siempre ***un semitono cromático menos*** que el intérvalo ***menor*** ó ***justo***.

EJEMPLO

Para hallar la composición de la quinta disminuida, ya sabemos que se ha de rebajar un semitono cromático de la composición de la quinta justa. Luego, si la quinta justa contiene 3 tonos y 1 semitono diatónico, la quinta disminuida contendra 2 tonos y 2 semitonos diatónicos.[2]

El intervalo ***subdisminuido*** tiene siempre un semitono diatónico ***menos*** que el intérvalo disminuido.

---

(1) Obsérvese que el semitono cromático no se enuncia separadamente sino en los intervalos aumentados.

(2) Téngase presente que el tono se compone de un semitono diatónico y de un semitono cromático. Luego, si se rebaja del tono el semitono cromático, quedará solamente el semitono diatónico.

Esto dará como resultado que el intervalo disminuido tendrá 1 tono menos y 1 semitono diatónico mas que el intervalo justo ó mayor.

Para la composición de los intervalos compuestos, véase la nota (*h*) al final de la obra

EJERCICIO

Buscar la composición de cada uno de los intervalos de la tabla por medio de la mnemónica, practicando las mismas operaciones que en los ejemplos precedentes.

SIGUE LA MISMA LECCIÓN

92. Es indispensable conocer el intervalo que se halla entre dos notas cualesquiera y su naturaleza, sean ó no dichas notas alteradas.

Este conocimiento se adquiere facilmente por la práctica; pero al principio ofrece algunas dificultades que trataremos de allanar.

MEDIO PARA CONOCER EL INTERVALO
QUE SE HALLA ENTRE DOS NOTAS

93. Si ninguna de las dos notas estuviese alterada, bastará recordar que en la escala solo existen dos semitonos diatónicos, uno de ***mi*** á ***fa*** y el otro de ***si*** á ***do***. Luego, será fácil conocer si dichos semitonos ó uno de ellos ó ninguno, se hallan entre las dos notas que forman el intérvalo que se busca.

Sabiendo el número de los semitonos, se hallará la naturaleza del intervalo recordando la precedente tabla (§ 88).

EJEMPLO

D —¿Qué intervalo existe de *do* á *si*?

1º Hay siete grados; es por lo tanto una *séptima*

2º Entre estos grados, no hay mas que el semitono *mi-fa*; es por lo tanto una *séptima mayor*. (Compruébese en la tabla. § 88).

94. Si las dos notas, ó una de ellas, fuesen alteradas, se suprimirán mentalmente las alteraciones, buscando la naturaleza del intervalo como en el párrafo anterior: despues, al reponer estas alteraciones, mentalmente se entiende, se ha de tener en cuenta el efecto que estas mismas producen sobre el intervalo inalterado ya conocido. Asi:

1º El intervalo inalterado se ampliará un *semitono cromático*, elevando su nota aguda por medio de un accidente ascendente, o bajando su nota grave por medio de un accidente descendente. Toma entonces la calificación inmediata superior. esto es *mayor* en vez de *menor*, *aumentado* en vez de *justo* ó *mayor*.

Resultará el intervalo ampliado 2 *semitonos cromáticos*, si al mismo tiempo que es elevada la nota aguda. es tambien bajada la nota grave.

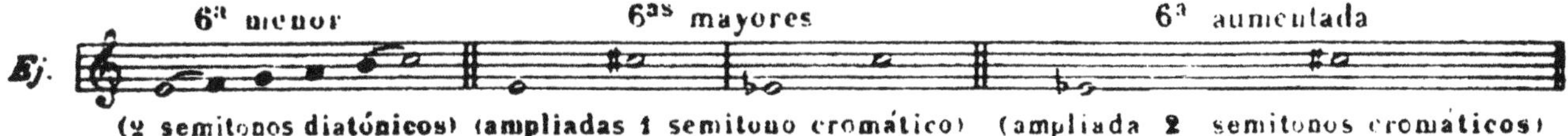

2º El intervalo inalterado se reducirá un *semitono cromático*, bajando su nota aguda por medio de un accidente descendente. ó subiendo su nota grave por medio de un accidente ascendente. Toma entonces la calificación inmediata inferior. esto es. *menor* en vez de *mayor*. *disminuido*, en vez de *justo* ó *menor*.

Resultará el intervalo reducido 2 *semitonos cromáticos*, si al mismo tiempo que es bajada la nota aguda, es tambien subida la nota grave.

3º Si tanto la nota grave como la aguda fuesen alteradas, ambas por accidentes de la misma especie, la distancia entre dichas notas seria la misma y el intervalo conservaria la misma calificación.

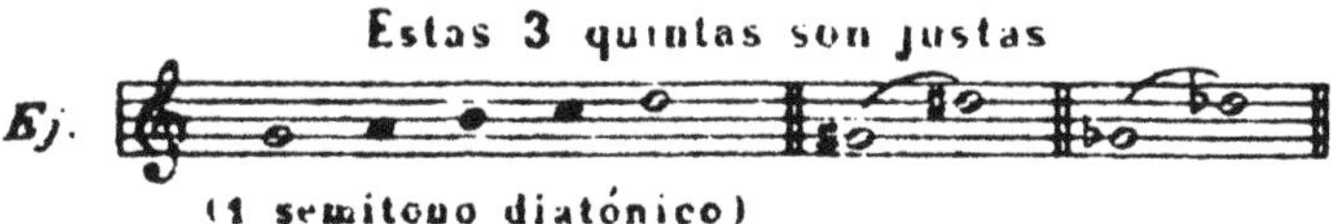

95. Por este mismo medio se conoce cual es la nota que. sobre otra nota. produce un intervalo dado

EJEMPLO

—¿Cual es la tercera mayor de *si*?

La tercera de *si*, es *re*.

Pero esta tercera es menor puesto que contiene un semitono, (compruébese § 88).

Para transformarla en tercera mayor, es necesario subir por medio de un sostenido el *re*. **nota superior.**

La tercera mayor de *si* será, pues, ***re sostenido***.

OBSERVACIÓN — No se hallan comprendidos todos los intervalos en la escala diatónica. Más adelante (3ª parte, 10ª lección, § 148), se verá la tabla completa de los intervalos que se hallan en las escalas mayor y menor.

EJERCICIOS

1º Designar los intervalos que se hallan entre las notas siguientes.

2º Designar, encima de las notas siguientes, las notas que forman los intervalos indicados.

INVERSIÓN DE LOS INTERVALOS

8ª Lección.

96. **Invertir un intervalo**, es trocar la posición respectiva de los dos sonidos que lo forman, de manera que el sonido grave del intervalo que se ha de invertir pase á ser el sonido agudo de la inversión.

97. Se practica la inversion de un intervalo:

Ya sea trasponiendo el sonido grave de dicho intervalo á la octava superior.

O bien trasponiendo el sonido agudo de dicho intervalo a la octava inferior.

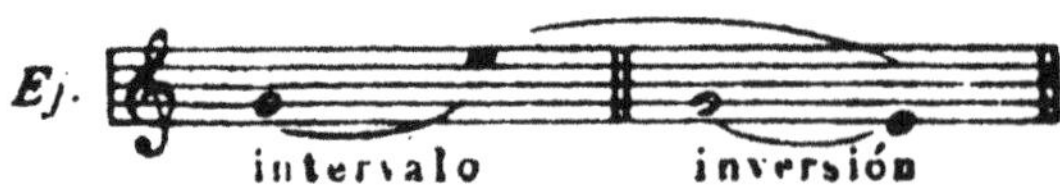

98. Tan solo los ***intervalos simples*** pueden ser invertidos. Los ***intervalos compuestos*** no pueden serlo, por que la nota grave del intervalo que se habria de invertir, traspuesta á la octava superior, quedaria nota grave de la inversión, y lo mismo pasaria con la nota aguda que traspuesta á la octava inferior, quedaria nota aguda.

99. En la inversión, se trasforman los intervalos de la manera siguiente:

El unísono pasa á ser octava
La segunda — séptima
La tercera — sexta
La cuarta — quinta
La quinta — cuarta
La sexta — tercera
La séptima — segunda
La octava — unísono

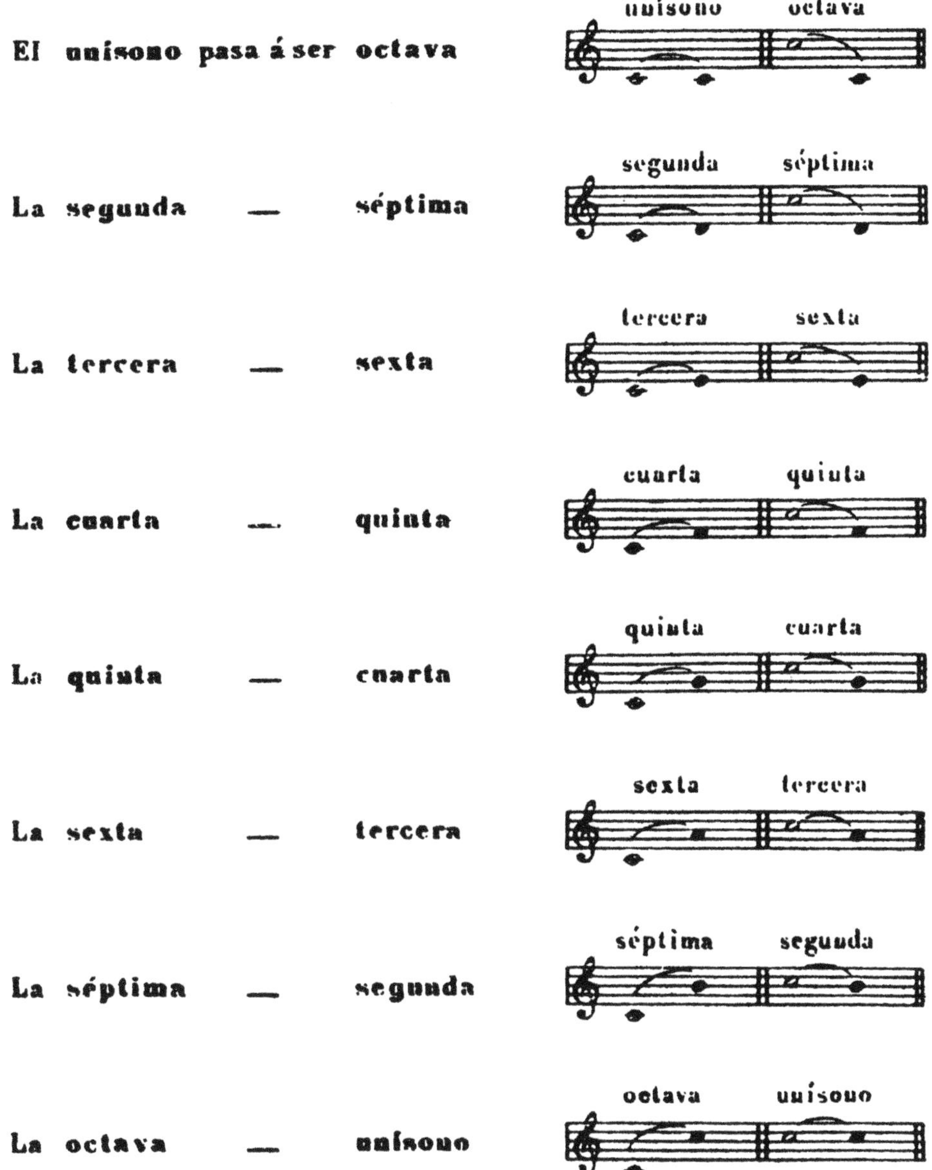

El unísono se invierte tambien á pesar de no ser intervalo. Subiendo ó bajando uno de sus dos sonidos, se obtiene la octava.

100. Por la inversión:

Los intervalos	disminuidos	pasan á ser	aumentados
—	menores	—	mayores
—	mayores	—	menores
—	aumentados	—	disminuidos
Tan solo los intervalos	justos	permanecen	justos

TABLA DE LOS INTERVALOS INVERTIDOS

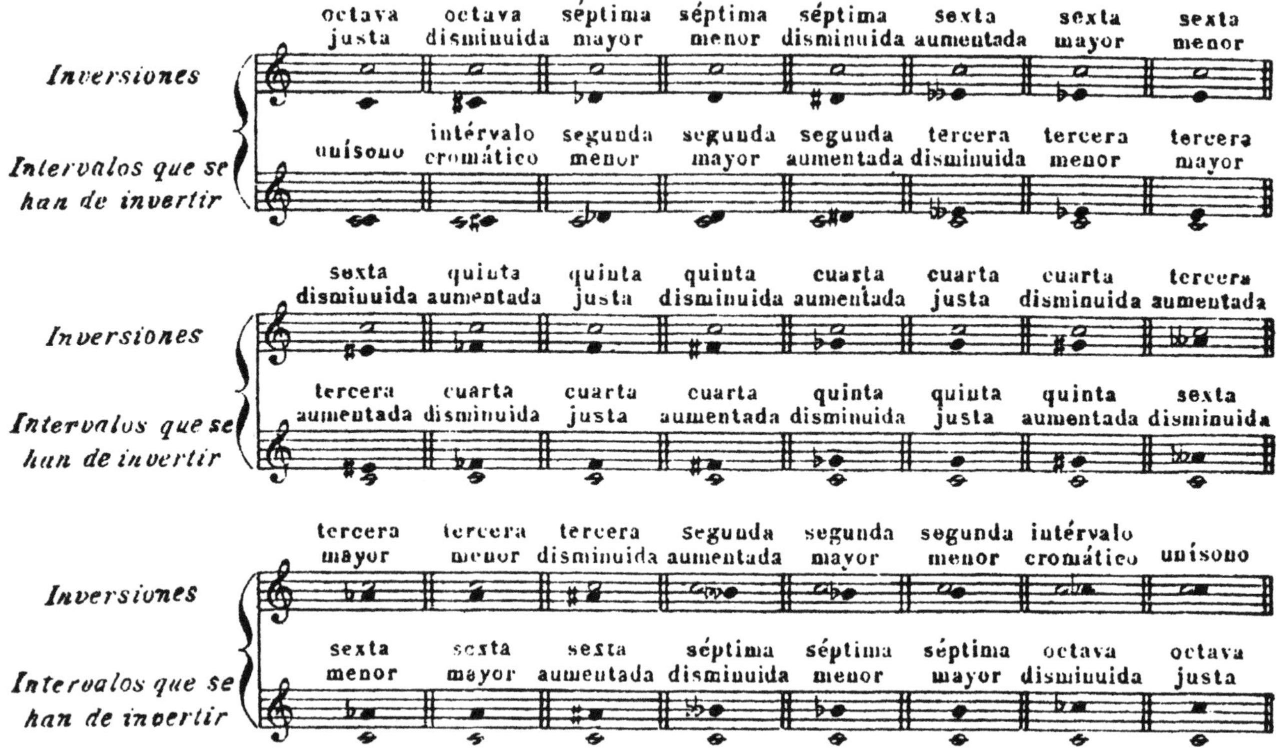

MNEMÓNICA

para hallar facilmente la inversión de los intervalos

101. Sumada la cifra que representa el intervalo que se ha de invertir con la que representa la inversión *deben dar por resultado* 9.

EJEMPLO

Intervalos	unísono 1	2ª	3ª	4ª	5ª	6ª	7ª	8ª
Inversiones	8ª	7ª	6ª	5ª	4ª	3ª	2ª	unísono 1
Total	9	9	9	9	9	9	9	9

EJERCICIOS

1º Reproducir la tabla de los intervalos invertidos tomando por punto de partida el *re* en lugar del *do*.

2º Trazar sobre un pentágrama superior las notas que forman las inversiones de los intervalos siguientes, indicando el nombre y la calificación de cada inversión.

DE LOS INTERVALOS CONSONANTES Y DISONANTES

9ª Lección.

102. Dos notas emitidas simultáneamente forman un **intervalo harmónico**

103. Los *intervalos harmónicos* se dividen en **intervalos consonantes** ó **consonancias** y en **intervalos disonantes** ó **disonancias**.

Tan solo los *intérvalos consonantes* se subdividen en varias especies.

TABLA DE LOS INTERVALOS CONSONANTES
Y DE SUS SUBDIVISIONES (1)

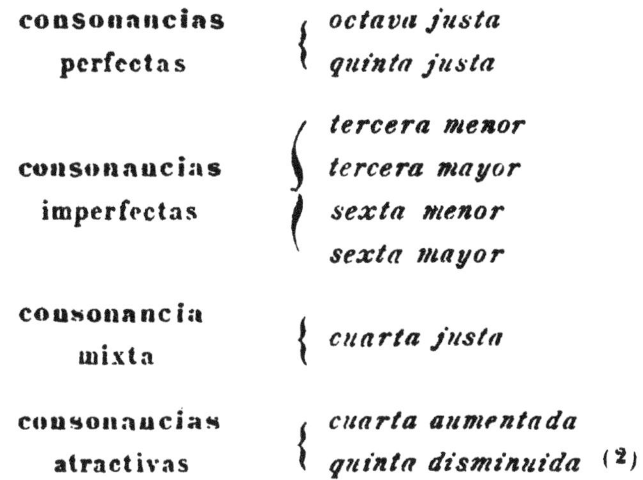

consonancias perfectas	*octava justa* *quinta justa*
consonancias imperfectas	*tercera menor* *tercera mayor* *sexta menor* *sexta mayor*
consonancia mixta	*cuarta justa*
consonancias atractivas	*cuarta aumentada* *quinta disminuida* (2)

Todos los demás intervalos son *disonantes*.

EJERCICIO

Escribir encima de cada uno de los siguientes intervalos, si es consonante ó disonante, indicando al lado de cada consonancia, á que especie pertenece.

FIN DE LA SEGUNDA PARTE.

(1) Esta clasificación pertenece á Mr Francois Bazin. (Véase su curso de harmonia, 1ª leccion, pág. 3.)

(2) Nos ceñiremos á declarar un hecho. Entrar en explicaciones sobre esta materia seria usurpar los derechos á la harmonia y traspasar los límites que nos hemos trazado al escribir esta obra.

TERCERA PARTE

LA TONALIDAD

104. La **tonalidad** es el conjunto de leyes que rigen la constitución de las escalas.

Tomada en sentido mas concreto, la *tonalidad* ó *tono* expresa la *unión de los sonidos* que forman la escala diatónica.

105. El **tono** y la **escala** expresan ambos la misma unión de sonidos; solamente que en la escala estos sonidos deben sucederse por *movimiento conjunto*, y en el tono pueden sucederse por *movimiento conjunto ó disjunto*.

EJEMPLO

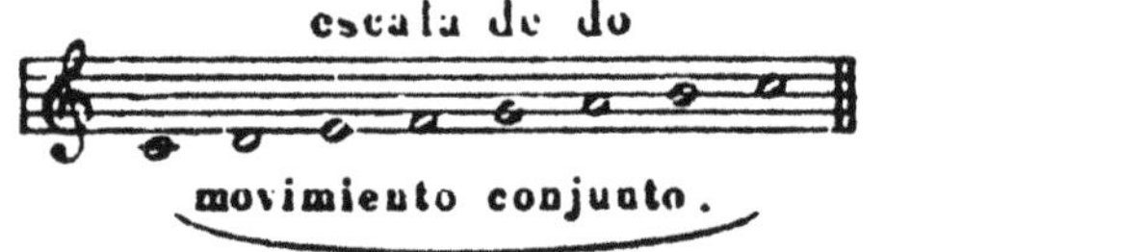

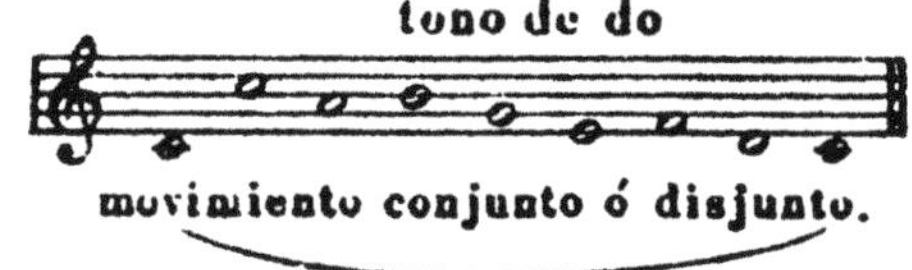

DE LA GENERACIÓN DE LA ESCALA DIATÓNICA

1ª. Lección.

106. Vamos á estudiar las leyes de la tonalidad, y por consiguiente, aprenderemos á formar las escalas, para cuyo objeto nos podrá servir de punto de partida cualquier nota de la escala general.

Pero examinemos de nuevo la escala diatónica que ya conocemos.

Las ocho notas que forman dicha escala están dispuestas de esta manera: *dos tonos consecutivos*, *un semitono*, *tres tonos consecutivos* y *un semitono*.

Ej

Esta disposición no es efecto de la casualidad ó del capricho, sino el resultado de la resonancia natural de los cuerpos sonoros. (1)

---

(1) Véase la nota (f) al final de la obra.

107. **Un cuerpo sonoro puesto en vibración**, deja percibir un sonido principal (sonido generador que será la primera nota de la escala) y dos sonidos mas secundarios llamados harmónicos ó concomitantes.

Uno de estos dos sonidos está una 12ª mas alto que el sonido generador, y el otro una 17ª

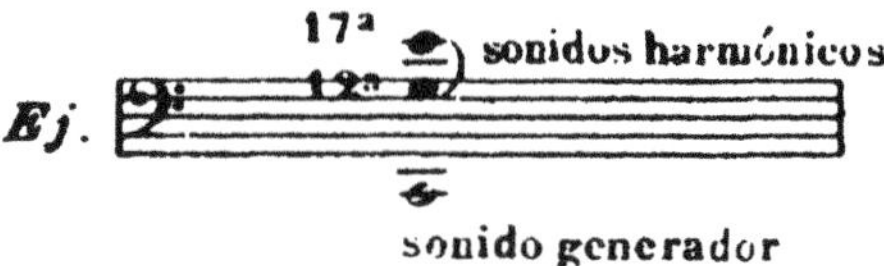

Estos dos intérvalos compuestos (12ª y 17ª) reducidos á intérvalos simples, pasan á ser 3ª mayor y 5ª justa del sonido generador. Percibidos estos tres sonidos simultaneamente, constituyen el *acorde perfecto mayor*. (1)

Este acorde, base de la escala, no basta para formarla enteramente. Para completarla es necesario añadir al primer acorde *do-mi-sol* otros nuevos acordes.

Estos nuevos acordes dependerán del primero, y por esto, deben:

1º Ser engendrados, como el mismo, por la resonancia del cuerpo sonoro.

2º Contener una nota que pertenezca al grupo principal, al cual los una por medio de esta misma comunidad.

3º No contener nota alguna en relacion cromática con ninguna de las tres notas de dicho primer acorde. (La escala diatónica no puede contener dos notas en relación cromática.)

Los *acordes* que *unicamente* llenan estas *tres condiciones* son los dos siguientes cuya generación indicaremos. (2)

Haciendo del *sol*, quinta justa (ascendente) del *do*, un nuevo sonido generador, obtendremos el nuevo acorde perfecto mayor que sigue:

---

(1) Varios sonidos percibidos simultáneamente forman un acorde. El *acorde perfecto mayor* se compone de una 3ª mayor y de una 5ª justa formadas sobre la nota del bajo, llamada *nota fundamental*.

(2) Seria imposible hallar otros acordes perfectos mayores conteniendo una de las notas del acorde perfecto mayor principal, es decir, *do-mi-sol*, sin que contuviesen al mismo tiempo una de estas mismas notas alteradas, no pudiendo por consiguiente formar parte de la misma escala.

El *Mi*, considerado como sonido generador, produciria como *tercera mayor* el *sol* ♯, que estaria en relación cromática con el *sol* del acorde *do-mi-sol*.

El *sol*, considerado como tercera de un acorde perfecto mayor, tendria como *sonido generador* el *mi* ♭ que estaria en relación cromática con el *mi* del acorde *do-mi-sol*.

Haciendo del *do*, sonido generador principal, la quinta justa de un nuevo sonido generador que es el *fa* obtendremos el nuevo acorde perfecto mayor que sigue:

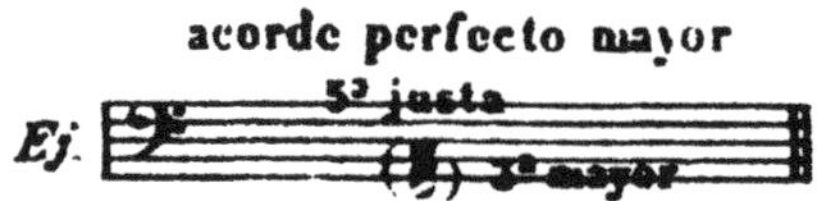

Resulta pues que

La escala está engendrada por los tres acordes perfectos mayores siguientes:

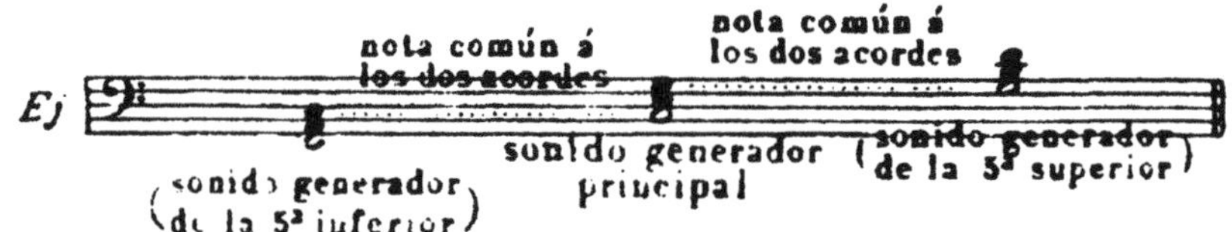

Escribiendo por movimiento conjunto los sonidos producidos por estos tres acordes, y empezando por la nota *do* (asi como se ha indicado al principio de este párrafo), obtendremos la escala diatónica de la que ya hemos hablado.

Las notas que forman una *escala diatónica* se llaman *notas diatónicas*.

108 Esta escala esta engendrada por los tres sonidos generadores *fa-do-sol*.

Por esta razón, dichos tres sonidos generadores se llaman *notas tonales* y ocupan el 1º. 4º y 5º grado de la escala.

EJERCICIO

Tomando una por una todas las notas de la escala diatónica que precede, indicar el puesto que ocupan en el acorde perfecto mayor del cual forman parte.

Indicar si la nota es sonido generador.

Si la nota es sonido harmónico, indicar el sonido generador del cual ella dimana.

Si la nota forma parte de dos acordes perfectos mayores, describirla bajo estos dos aspectos

---

DEL NOMBRE DE LOS GRADOS DE LA ESCALA

2ª Lección.

109. Cada uno de los sonidos puede ser el punto de partida, la primera nota de una escala, como veremos mas adelante.

Para evitar toda confusión, ha recibido cada grado, sea cual fuere el nombre de la nota que lo represente, una denominación particular que caracteriza la posición que ocupa en la escala y las funciones que en la misma desempeña.

NOMBRES DE LOS GRADOS DE LA ESCALA

110. El 1er grado se llama **tónica**.
El 2º — *supertónica*.
El 3er — **mediante**.
El 4º — *subdominante*.
El 5º — **dominante**.
El 6º — *superdominante*.
El 7º — **nota sensible**.
El 8º — **octava ó tónica**.

El 1er grado, sonido principal de la escala, se llama **tónica** porque dá su nombre á la misma escala, á la tonalidad. Asi, siendo *do* la *tónica*, nos hallaremos en la *escala de do* ó en *tono de do*; siendo *re* la *tónica*, nos hallarémos en la *escala de re* ó en *tono de re*.

El 5º grado, que es el de mas importancia después de la tónica, se llama por esta razón **dominante**.

El 3er grado, se llama **mediante**, por hallarse entre la tónica y la dominante, (unido á estos dos grados, completa el acorde perfecto, generador de la escala.)

El 7º grado, se llama **nota sensible**, á causa de su tendencia que la lleva hacia la tónica de la que solo está separada por un semitono diatónico, (una 2ª menor.) (1)

Los demás grados toman su nombre del lugar que ocupan relativamente á los grados principales que acabamos de mencionar.

EJERCICIO

Escribir encima de cada nota de la siguiente escala el nombre del grado que ocupa.

3ª Lección. DEL TETRACORDO

111. El **tetracordo** (de las dos palabras griegas *tétra* cuatro y *chorde* cuerda), es la sucesión de cuatro sonidos conjuntos.

112. Estando compuesta la escala de ocho notas, contendrá pues dos *tetracordos*
El primero, formado de las cuatro notas graves, se llama *tetracordo inferior*.
El segundo, formado de las cuatro notas agudas, se llama *tetracordo superior*.

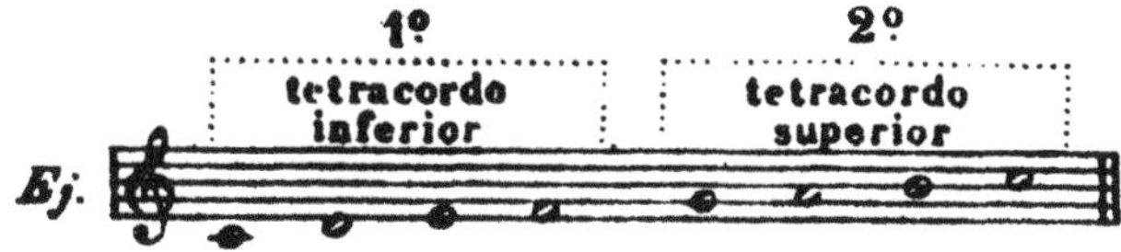

Si examinamos este ejemplo, observaremos: (2)

1º Que estos dos *tetracordos* son exactamente iguales en la disposición de los sonidos que los componen, puesto que ambos están formados de *dos tonos consecutivos seguidos de un semitono diatónico*.

---

(1) Se llama *subtónica* cuando está separada un tono de la tónica, como se verá en el § 141, nota(2)
(2) Comprobar estas observaciones con el ejemplo que sigue

2º Que la *primera nota* del tetracordo *inferior* es la *tónica*.

Que la *primera nota* del tetracordo *superior* es la *dominante*.

3º Que los dos tetracordos están separados por una segunda mayor; (es decir, que el *fa*, ultima nota del tetracordo inferior, está á una segunda mayor de distancia del *sol*, primera nóta del tetracordo superior.)

4º Que las dos notas extremas de cada tetracordo, *do-fa*, en el primero, y *sol-do*, en el segundo, están á un intérvalo de distancia de *cuarta justa*.

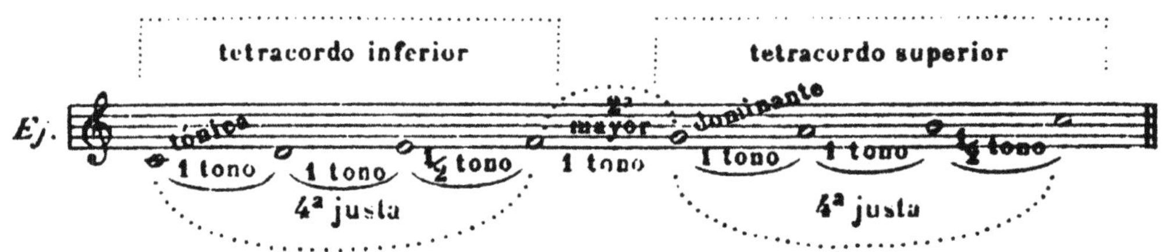

113. Siendo exactamente iguales los dos tetracordos de esta escala, resulta:

1º Que el *tetracordo inferior* puede convertirse en *tetracordo superior* de una nueva escala, añadiéndole para completarla, otro tetracordo.

2º Que el *tetracordo superior* puede convertirse en *tetracordo inferior* de una nueva escala, añadiéndole igualmente para completarla otro tetracordo.

EJERCICIO

Indicar en la siguiente escala el tetracordo inferior y el superior, el intervalo que los separa, el intervalo formado por las notas extremas de cada uno de ellos, en una palabra, reproducir de memoria el ejemplo precedente.

DEL ENCADENAMIENTO DE LAS ESCALAS

(ÓRDEN DE LOS SOSTENIDOS)

4ª Lección.

114 Vamos, ahora, á buscar una nueva tonalidad, transformando el tetracordo superior de la escala de *do*, en tetracordo inferior de otra escala.

Ya sabemos que este tetracordo, está formado de cuatro notas que son: *Sol-La-Si-Do*.

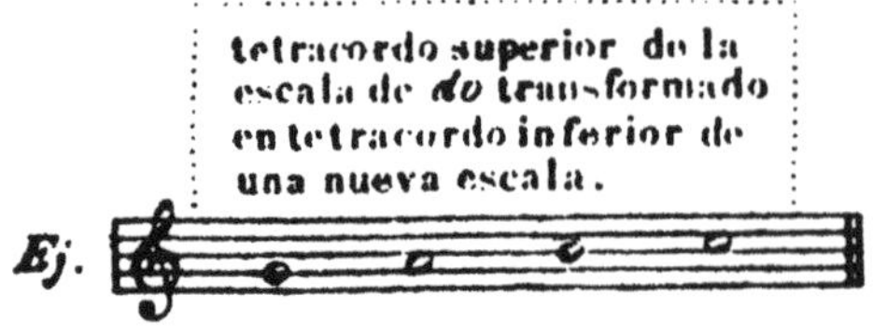

Para completar esta nueva escala, se le ha de añadir un nuevo tetracordo formado de los cuatro grados ascendentes que siguen inmediatamente al tetracordo inferior, cuyas notas son: ***Re - Mi - Fa - Sol*** **.**

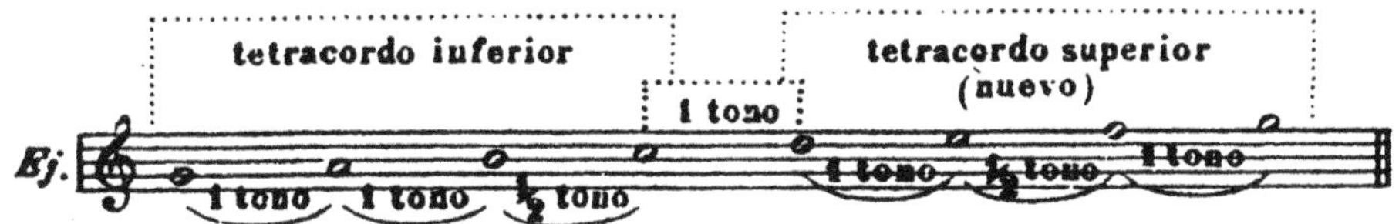

115. No obstante, este nuevo tetracordo no se puede admitir, puesto que no está conforme con el primero, es decir, que las notas que lo componen en lugar de sucederse en este órden.

1 tono — 1 tono — 1 semitono

se suceden así:

1 tono — 1 semitono — 1 tono

El *fa* está demasiado cerca del *mi*, puesto que solo les separa un semitono en vez de un tono.

Este mismo *fa*, está demasiado lejos del *sol*, puesto que les separa un tono en vez de un semitono.

Luego, estando el *fa* demasiado cerca de la nota inferior y demasiado lejos de la superior, tendrá que ***elevarse un semitono por medio del sostenido*** para que quede en la posición que regularmente debe ocupar en el tetracordo, para formar una escala regular

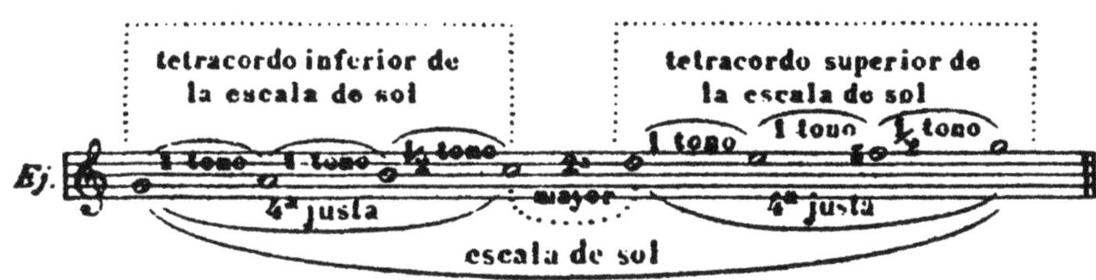

116. Se vé por lo que hemos dicho, que para formar una nueva escala, se necesita hallar un sonido nuevo.

En el ejemplo anterior, ese sonido nuevo es el ***fa sostenido***, nota sensible de la nueva escala.

El *sol*, que era la ***dominante*** de la escala de ***do***, pasa á ser ***tónica*** de la nueva escala, por cuya razón, se llama escala de *sol*.

El *re*, quinto grado, es la ***dominante***.

Las notas tonales (generadoras de los sonidos que componen la escala), que ocupan el 1º, 4º y 5º grado, son:

Sol, 1ᵉʳ grado; ***Do***, 4º grado, y ***Re***, 5º grado

117. Lo mismo se efectuará siempre, cuando trasformemos el tetracordo superior de una escala en tetracordo inferior de otra. Cada nueva escala contendrá un nuevo sonido que será la 7ª nota de la escala elevada un semitono cromático, para ocupar el puesto de nota sensible.

118. Examinemos atentamente la siguiente tabla:

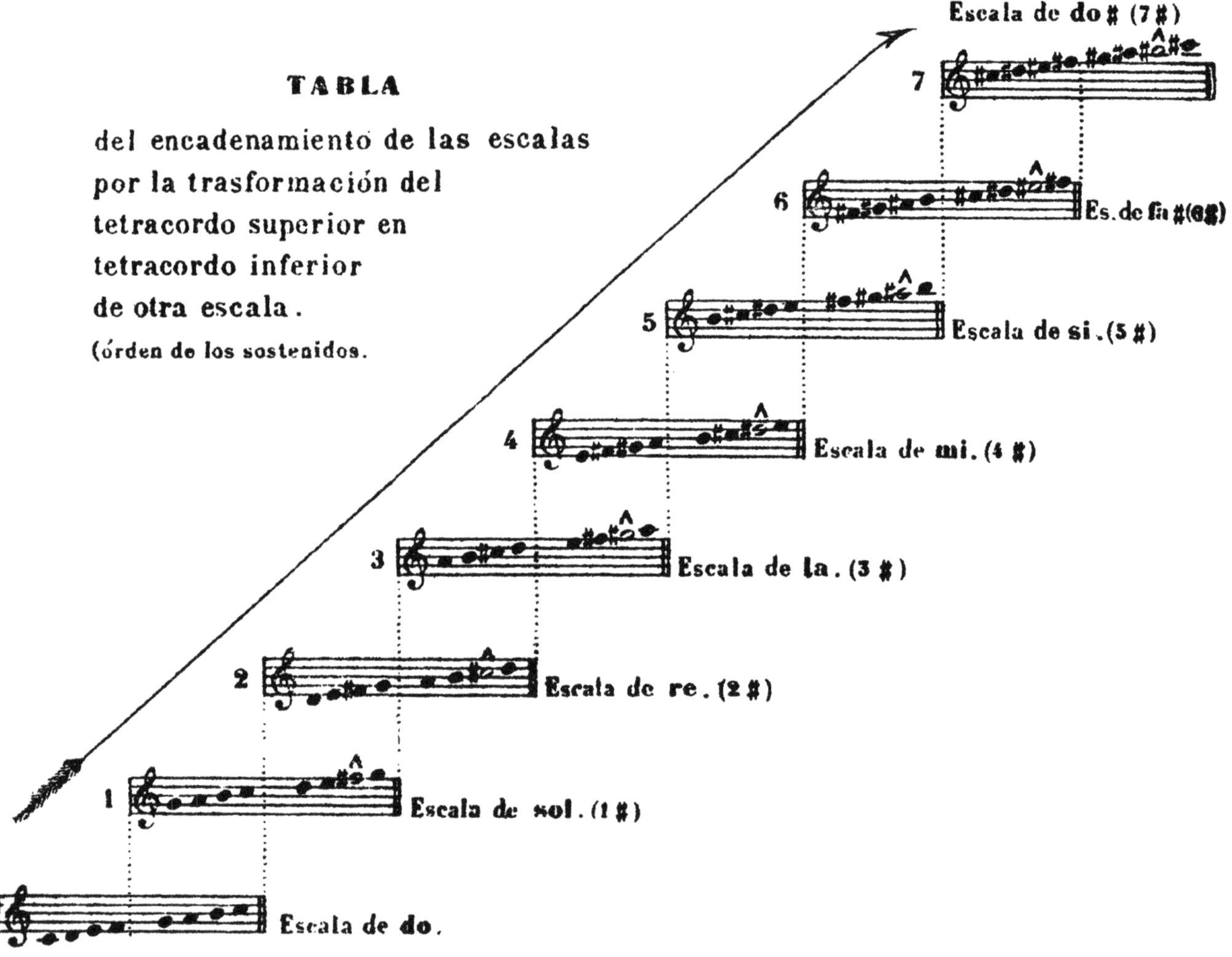

Vése por esta tabla:

1º Que cada escala tiene su tetracordo inferior común con la escala que la precede (que tiene un sostenido menos), y su tetracordo superior común con la escala que la sigue (que tiene un sostenido mas).

2º Que las escalas que contienen notas sostenidas, se suceden por progresión ascendente de *Quinta* en *Quinta*. (1)

3º Que cada nuevo sostenido se presenta igualmente en el órden ascendente de *Quinta* en *Quinta*. (1)

---

(1) La progresión ascendente de *quinta* en *quinta* traspasa los limites del pentagrama; por esto se escribe alternando una *quinta ascendente* con una *cuarta descendente* (la *cuarta descendente* dá, en la octava inferior, la misma nota que la *quinta ascendente*).

SUCESIÓN DE LOS SOSTENIDOS

1	2	3	4	5	6	7
FA	*DO*	*SOL*	*RE*	*LA*	*MI*	*SI*

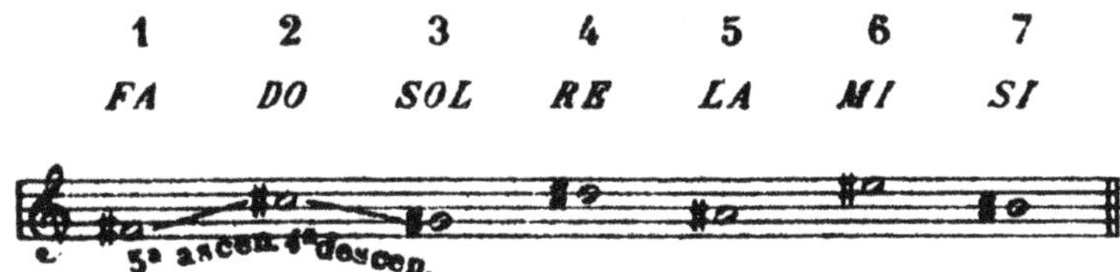

EJERCICIO

Escribir, una despues de otra, y en su órden sucesivo, todas las escalas que contienen notas sostenidas. Indicar la tónica y la nota sensible de cada una de ellas, asi como el número y el nombre de los sostenidos que se hallan en las mismas.

DE LA ARMADURA DE LA CLAVE

(ARMADURA CON SOSTENIDOS)

5ª Lección

119. Los sostenidos que forman parte de una escala (de la tonalidad), no se colocan precisamente delante de cada nota, porque esto complicaría la escritura musical, sino en órden de sucesión, inmediatamente después de la clave, al principio del pentagrama, y sobre las mismas lineas ó en los mismos espacios que ocupan las notas que han de alterar.

EJEMPLO

120. Asi colocados los sostenidos, forman la *armadura de la clave* (armadura con sostenidos), y su efecto continúa durante todo el curso de la composición, mientras no sea modificada dicha armadura.

121. La armadura de la clave indica la tonalidad en que está escrito un trozo de música.

Como ya hemos visto anteriormente que el último sostenido afecta siempre la nota sensible, la *tónica será*, por consiguiente, *la nota colocada un semitono diatónico mas alta*. (1)

(Téngase presente que la nota sensible está siempre un semitono diatónico mas baja que la tónica.)

EJEMPLOS. Habiendo un sostenido en la clave, si este es *fa* ♯, la tónica será *sol* (½ tono diatónico mas alto que el fa ♯).

Habiendo cinco sostenidos en la clave, siendo el último de estos *la* ♯, la tónica será *si* (½ tono diatónico mas alto que *la* ♯).

122. Es igualmente facil de hallar la armadura de la clave de una tonalidad dada, puesto que sabemos ya que el último sostenido ocupa el grado inferior á la tónica.

EJEMPLO. Siendo *mi* la tónica, el último sostenido será *re* ♯ (½ tono diatónico mas bajo que *mi*); luego, siendo el *re* ♯ el *cuarto* en el órden de sucesión de los sostenidos (párrafo 118), habrá en el tono de *mi* cuatro sostenidos que son, *fa* ♯, *do* ♯, *sol* ♯ y *re* ♯

EJERCICIOS

1º Buscar las tonalidades que indican las siguientes armaduras.

2º Indicar las armaduras de las siguientes tonalidades

tono de Sol. — tono de Fa sostenido

tono de Si. — tono de Do sostenido

---

(1) Existe una excepción como se verá en la 10ª lección.

DEL ENCADENAMIENTO DE LAS ESCALAS

(ÓRDEN DE LOS BEMOLES)

6ª Lección.

123. Hemos visto en la 4ª lección, que al trasformar el tetracordo superior de la escala de *do*, en tetracordo inferior de una nueva escala, hallamos una nueva tonalidad que contiene un sostenido; después, procediendo de la misma manera, hemos tomado cada una de las nuevas escalas como punto de partida, recorriendo todas las tonalidades que contienen *sostenidos*.

Invirtiendo la operación, es decir, *trasformando el tetracordo inferior de la escala de do, en tetracordo superior de una nueva escala*, hallaremos tambien una nueva tonalidad que contiene *un bemol*; después, procediendo de la misma manera, tomando cada nueva escala como punto de partida, recorreremos sucesivamente todas las tonalidades que contienen *bemoles*.

124. Trasformemos el tetracordo inferior de la escala de *do*, en tetracordo superior de otra escala.

Ya sabemos que este tetracordo está formado de las cuatro notas siguientes:

DO — RE — MI — FA

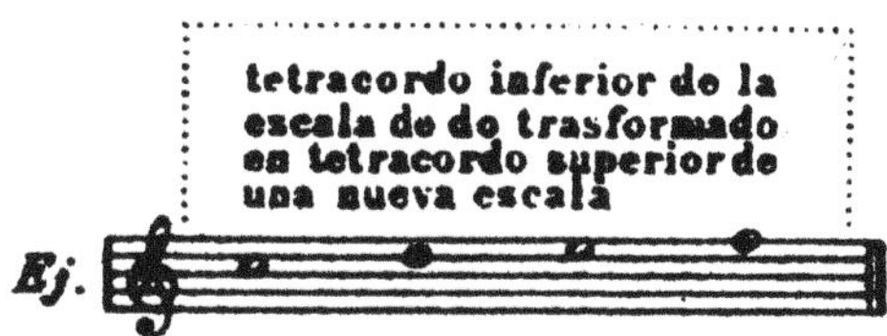

Para completar esta nueva escala, se le ha de añadir un nuevo tetracordo formado de los cuatro grados descendentes que preceden inmediatamente al tetracordo superior, ó sea, las cuatro notas:

FA — SOL — LA — SI

EJEMPLO

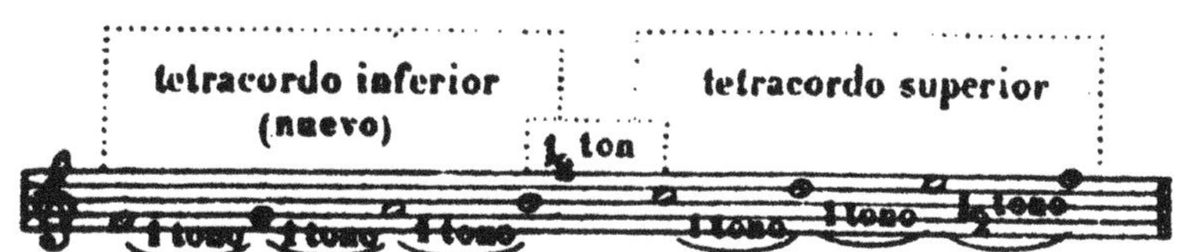

125. No obstante, este nuevo tetracordo no se puede admitir, puesto que no está conforme con el segundo, es decir, que las notas que lo componen en lugar de sucederse en este órden.

1 tono — 1 tono — 1 semitono.

se suceden asi:

1 tono — 1 tono — 1 tono.

El *Si* está demasiado lejos del *La*, nota inferior, puesto que les separa un tono en vez de un semitono.

Este mismo *Si*, está demasiado cerca del *Do*, puesto que los dos tetracordos deben estar separados por una segunda mayor y solo lo están por una segunda menor.

En fin, las dos notas extremas del tetracordo *Fa-Si* en lugar de estar á distancia de *cuarta justa*, se hallán á distancia de *cuarta aumentada*.

Luego, estando el *Si* demasiado lejos de la nota inferior y demasiado cerca de la nota superior, se ha de *bajar un semitono cromático por medio del bemol*; quedando asi en la posición que debe regularmente ocupar en el tetracordo, pára formar una escala regular.

EJEMPLO

Tetr. inferior de la escala de FA

Tetr. superior de la escala de FA

1 tono — 1 tono — ½ tono — 2ª mayor — 1 tono — 1 tono — ½ tono

4ª justa — 4ª justa

Escala de fa

126. El nuevo sonido hallado para formar esta escala es el *Si* ♭, subdominante de esta nueva escala.

El *Fa*, primer grado, es la *tónica*.

El *Do*, quinto grado, es la *dominante*.

Las notas tonales son:

Fa, 1.er grado; *Si* ♭, 4º grado, y *Do*, 5º grado.

127. Lo mismo sucederá siempre, cuando trasformemos el tetracordo inferior de una escala en tetracordo superior de otra. Cada nueva escala nos presentará un nuevo sonido, y este nuevo sonido, bajado por el bemol un semitono cromático, será el cuarto grado de la nueva escala.

128. Examinemos atentamente la siguiente tabla:

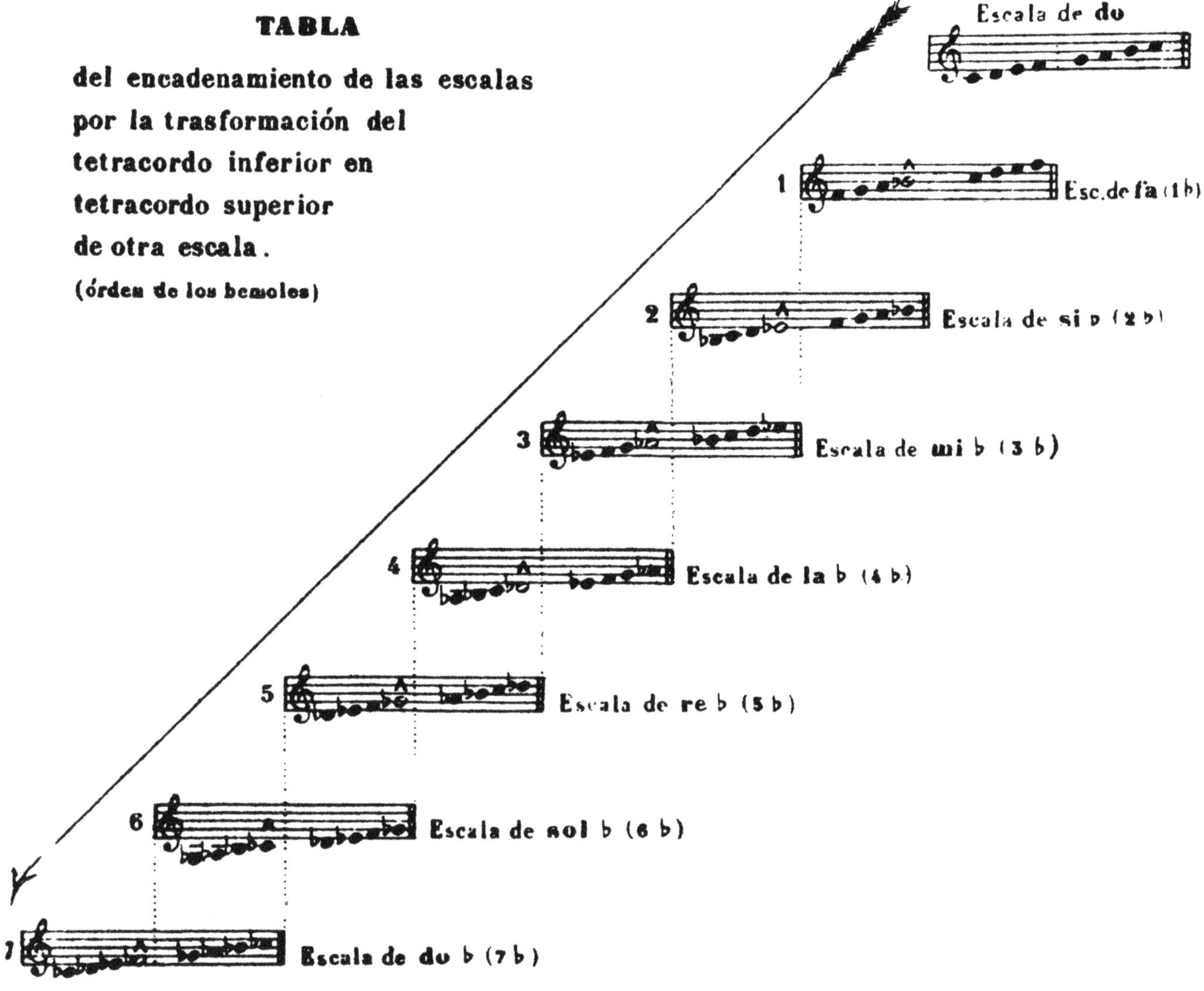

Se vé por esta tabla:

1º Que cada escala tiene su tetracordo superior comun con la escala que la precede (que tiene un bemol menos), y su tetracordo inferior comun con la escala que la sigue (que tiene un bemol mas).

2º Que las escalas que contienen notas bemoladas se suceden por progresión ***descendente*** de *quinta* en *quinta*. (1)

3º Que cada nuevo bemol se presenta igualmente en el orden descendente de *quinta* en *quinta*.

---

(1) La progresión descendente de *quinta* en *quinta* traspasa los límites del pentagrama; por esto se escribe alternando una *quinta descendente* con una *cuarta ascendente* (la cuarta ascendente da, en la octava superior, la misma nota que la quinta descendente.)

SUCESIÓN DE LOS BEMOLES

1	2	3	4	5	6	7
SI	*MI*	*LA*	*RE*	*SOL*	*DO*	*FA*

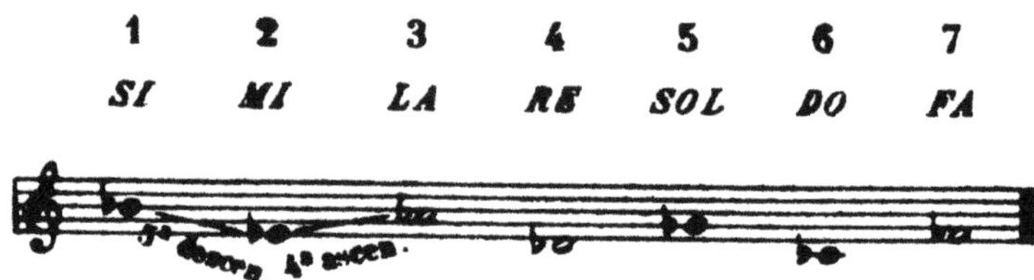

129. Obsérvese que el órden de los bemoles es exactamente inverso al órden de los sostenidos. (Compárese con la tabla de la sucesión de los sostenidos, 4ª lección, § 118.)

EJEMPLO

7. 6. 5. 4. 3. 2. 1.— órden de los bemoles

FA, DO, SOL, RE, LA, MI, SI,

órden de los sostenidos — 1. 2. 3 4. 5. 6. 7.

EJERCICIO

Escribir, una después de otra y en su órden sucesivo, todas las escalas que contienen notas bemoladas. Indicar la tónica, la subdominante y la nota sensible de cada una de ellas, así como el número y el nombre de los bemoles que se hallan en las mismas

---

DE LA ARMADURA DE LA CLAVE

(ARMADURA CON BEMOLES)

7ª Lección

130. Los bemoles que forman parte de una escala (de la tonalidad), no se colocan delante de cada una de las notas que ellos alteran; sino, como los sostenidos, inmediatamente después de la clave, en órden de sucesión y sobre las mismas líneas ó en los mismos espacios que ocupan las notas que deben alterar.

EJEMPLO

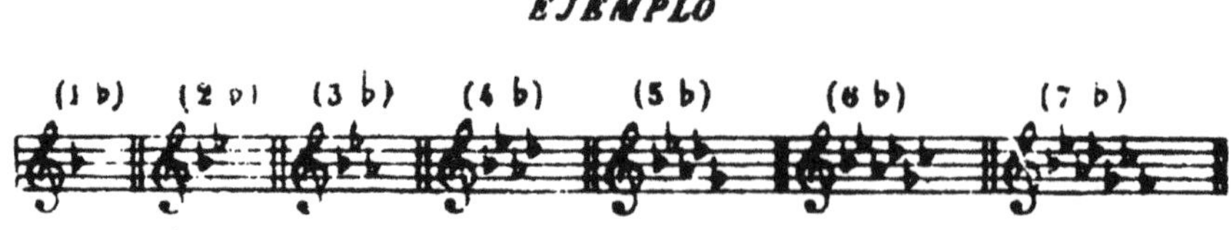

131. Así colocados los bemoles, forman la *armadura de la clave* (armadura con bemoles), y su efecto continua durante todo el curso de la composición, mientras no sea modificada dicha armadura

132. La armadura de la clave (con bemoles). indica la tonalidad en que está escrito un trozo de música. Como ya hemos visto anteriormente (párrafo 127) que el último bemol afecta siempre la subdominante, la *tonica será*, por consiguiente. la *nota colocada una cuarta justa inferior*. (1)

EJEMPLOS. Habiendo un bemol en la clave, si este es *si*♭, la tónica será *fa* cuarta justa inferior.

si ♭ tónica

Habiendo cinco bemoles en la clave y siendo el último de estos *sol* ♭ la tónica será *re* ♭, cuarta justa inferior.

Obsérvese igualmente que el *penúltimo* de los *bemoles* colocados en la clave, afecta siempre la *tónica*. El nombre del penúltimo bemol, es pues, tambien el de la tónica. (2)

EJEMPLO. Con cuatro bemoles, que son:

SI ♭ — *MI* ♭ — *LA* ♭ — *RE* ♭.

Siendo el penúltimo *La* ♭, *la* ♭ será el nombre de la tónica. (2)

133. Es igualmente fácil de hallar la armadura de la clave de una tonalidad dada. puesto que ya sabemos que el último bemol ocupa el 4° grado de la escala.

EJEMPLO. Siendo la tónica *Re* ♭. el último bemol está una cuarta superior. será pues el *Sol* ♭: luego. en el órden de los bemoles, siendo el *Sol* ♭ el *quinto*. existen en el tono de *Re* ♭. *cinco bemoles* que son:

SI ♭ — *MI* ♭ — *LA* ♭ — *RE* ♭ — *SOL* ♭

EJERCICIOS

1° Buscar la tonalidad indicada en cada una de las siguientes armaduras.

2° Indicar la armadura de cada una de las siguientes tonalidades.

tono de Fa — tono de Do ♭.
tono de Mi ♭ — tono de Sol ♭.

---

(1) Existe una excepción, como ya veremos en la leccion 10ª

(2) Es una consecuencia natural de la sucesión de los bemoles por cuartas ascendentes. En efecto, si el último bemol es superior á la subdominante, la tónica se halla una cuarta inferior, así como el penúltimo bemol.

DE LOS MODOS

8ª Lección.

134. Se llama **modo** la manera de ser de una escala diatónica.

135. Los *modos* son dos: **modo mayor** y **modo menor**.

La escala que hasta aqui hemos aprendido es la diatónica del modo mayor (ó por abreviación, *escala mayor*), en la que están colocados los semitonos:

1º Entre el 3º y 4º grado.

2º Entre el 7º y 8º

Pasemos ahora á estudiar la escala menor en la que los semitonos están colocados de diferente manera.

136. Echemos de nuevo una ojeada sobre la escala mayor, y observemos.

1º Que la *tónica* y la *mediante*, ó sea, *do-mi* en la escala de do mayor, forman el intervalo de *tercera mayor*.

2º Que la *tónica* y la *superdominante*, ó sea, *do-la*, en la misma escala, forman el intervalo de *sexta mayor*.

EJEMPLO

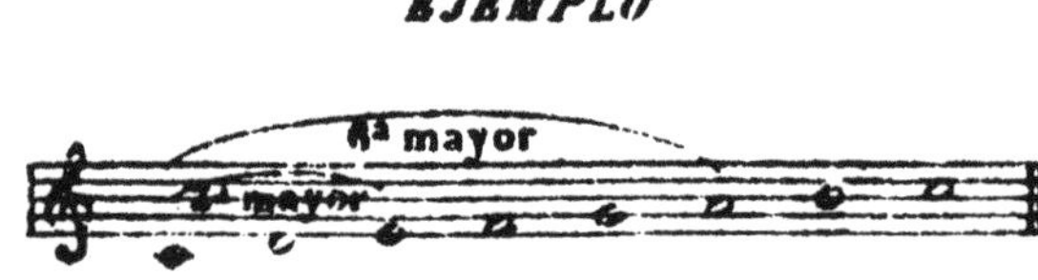

En la escala *menor*, ocurre lo contrario, esta *tercera* y esta *sexta* son *menores*.

EJEMPLO

La *mediante* y la *superdominante* de una escala mayor se han de bajar, pues, un semitono cromático, para formar una escala menor.

137. **Comparando estas dos escalas, se vé que, á** excepción de la *tercera* y de la *sexta*. **que son *mayores* en la *escala mayor*** y *menores* en la *escala menor*, todos los demas **grados forman con la tónica intérvalos idénticos**.

EJEMPLO

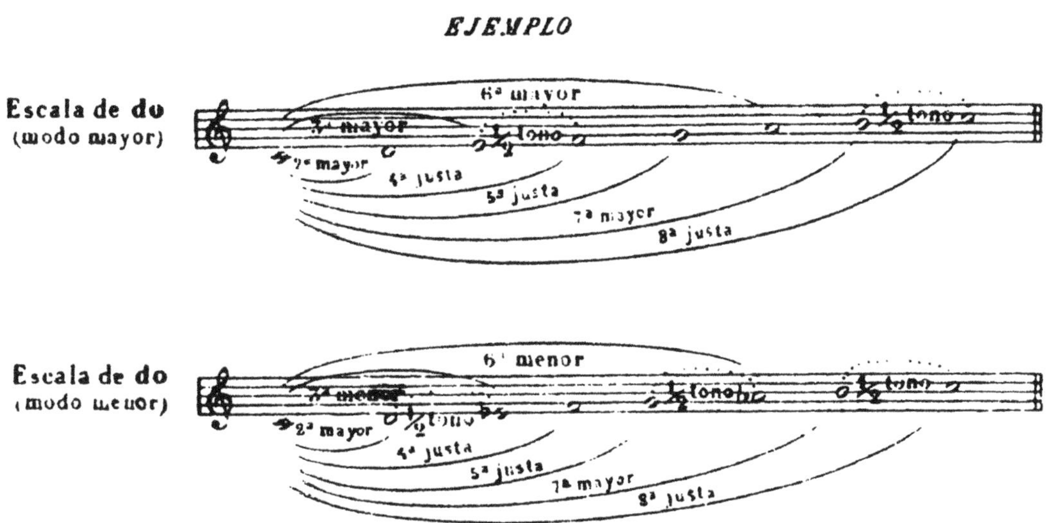

Se observa igualmente **por este ejemplo que**, a consecuencia de la modificación de la tercera y de la sexta, **la escala menor** contiene 3 *semitonos diatonicos* que **estan** colocados.

1º Entre el segundo y tercer grado

2º Entre el quinto y el sexto

3º Entre el séptimo y el octavo.

138. La *mediante* y la *superdominante* constituyen los *caracteres distintivos de los modos*, por no ofrecer en estas dos escalas las mismas relaciones de distancia con la tónica, y por esta razón, toman el nombre **de notas modales** o **caracteristicas**.

EJERCICIO

Trasformar en menores, las siguientes escalas mayores, bajando **un** semitono cromático sus notas modales

9ª Lección.

139. La **escala menor**, como acabamos de ver, es una modificación de la escala mayor. Vamos á estudiar, pues, esta modificación en su principio.

Recordaremos:

1º Que la escala mayor está engendrada por tres sonidos generadores llamados *notas tonales*.

2º Que dichas notas tonales y sus harmónicas forman tres acordes perfectos mayores que se suceden por quintas justas y se componen de una *tercera mayor* y de una *quinta justa*, formadas sobre la nota del bajo.

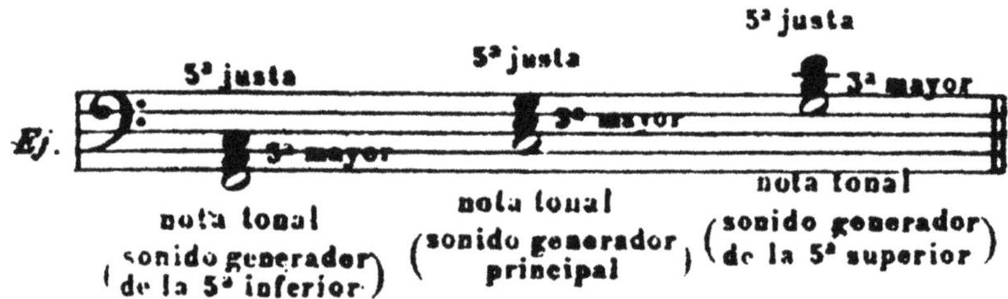

3º En fin, que escribiendo por movimiento conjunto los sonidos producidos por estos tres acordes y empezando por la nota *Do*, principal sonido generador, obtendremos la escala diatónica de *do*, modo mayor. (1)

EJEMPLO

En la *escala menor*, la *tercera* de cada uno de los tres acordes perfectos generadores *se ha de bajar un semitono cromático*. La tercera del acorde pasa entonces á ser menor, y esta modificación trasforma el *acorde perfecto mayor* en *acorde perfecto menor*. (El *acorde perfecto menor* se compone de una *tercera menor* y de una *quinta justa* formadas sobre la nota del bajo.)

EJEMPLO

(1) Léase otra vez la 1ª lección de la 3ª parte.

Escribiendo estos **diferentes** sonidos por movimiento conjunto, y empezando por la nota *Do* (sonido generador principal), obtendremos la escala de *do*, modo menor

EJEMPLO

140. Esta escala ofrece no obstante, un punto defectuoso; el séptimo grado se halla á un tono de distancia del octavo, perdiendo asi su calidad de nota sensible, puesto que dicha nota no debe estar separada de la tónica mas que por un semitono diatónico. Además, esta escala contiene exactamente los mismos sonidos que la escala mayor que tiene *Mi* ♭ por tónica.

EJEMPLO

A fin de obviar estos inconvenientes, *se altera el séptimo grado elevándolo un semitono cromático*, con lo cual se le devuelve su calidad de nota sensible, destruyendo al mismo tiempo el equívoco que pudiera existir entre la escala menor y la mayor, formadas de los mismos sonidos.

EJEMPLO

141 A consecuencia de esta alteración, hallaremos entre el sexto y séptimo grado (*La* ♭, *Si* ♮) *una segunda aumentada*, compuesta de un tono y de un semitono cromático. Introduciendo dicho semitono cromático en la escala menor, la hace participar de la escala cromática. (1) (2)

EJERCICIO

Indicar la formación de las escalas menores siguientes, escribiendo los tres acordes perfectos menores que las engendran y señalando la nota alterada.

---

(1) Vease "De la Escala cromática" 3ª parte, 12ª lección.

(2) Esta escala menor es generalmente adoptada hoy dia, porque su estructura es el resultado exacto de las deducciones teóricas; sin embargo, como la segunda aumentada que se halla entre el sexto y el séptimo grado presenta un aspecto melódico poco natural, algunos teóricos pensaron en rectificarla. Para esto, alteraron el sexto grado en la escala ascendente, elevándolo un semitono cromático, y suprimieron las dos alteraciones en la escala descendente. La séptima pierde entonces su calidad de nota sensible y toma el nombre de subtónica.

EJEMPLO

Esta escala, que en efecto es mas cantable, presenta varios inconvenientes; en primer lugar, destruye al ascender una de las dos notas modales, es decir, uno de los caracteres distintivos del modo; despues, al descender, como que baja el séptimo grado, le quita su calidad de nota sensible, destruyendo asi uno de los caracteres distintivos de la tonalidad moderna: (Este séptimo grado toma entonces el nombre de *subtónica*)

Habia otra escala, que consistia en subir solamente hasta la superdominante, despues, volviendo á la tónica, se dejaba percibir la nota sensible un semitono mas baja y de nuevo se volvia á la tónica para concluir.

EJEMPLO

Esta escala sería excelente si su extensión no fuese tan limitada.

DE LAS ESCALAS RELATIVAS

10ª Lección.

142. Hemos visto, en el capítulo anterior, que la escala menor está formado de los mismos sonidos que la escala mayor, teniendo diferente tónica, y que para evitar todo equívoco entre las dos escalas, se eleva un semitono el 7º grado de la escala menor.

Para calificar la relación que existe entre estas dos escalas, de las cuales una es *mayor* y otra *menor*, se les dá el nombre de **escalas relativas**.

143. Toda escala mayor tendrá, pues, una escala menor relativa y ella misma será relativa de ésta escala menor.

EJEMPLO

Se vé por este ejemplo qué la escala menor está una tercera menor mas baja que la escala mayor relativa, y *vice versa*.

144 La escala mayor tiene, pues, por tónica la *mediante* de la escala menor relativa.

La escala menor tiene por tónica la *superdominante* de la escala mayor relativa.

Se observará tambien que la armadura de la clave es común á estas dos escalas puesto que la *alteración* que sirve para elevar el 7º grado del modo menor *no forma parte jamás de la armadura de la clave*, á causa de su caracter cromático.

145. Para formar una escala menor, relativa de una mayor, es necesario:

1º Elevar un semitono cromático la dominante de esta escala mayor para que ocupe el puesto de nota sensible.

2º Tomar por tónica de la escala menor la nota que está una tercera menor mas baja que la tónica de dicha escala mayor.

EJEMPLO

146. Para formar una escala mayor, relativa de una menor, es necesario:

1º Bajar un semitono cromático la nota sensible de esta escala menor, para convertirla en dominante.

2º Tomar por tónica de la escala mayor, la nota que está una tercera menor mas alta que la tonica.

EJEMPLO

147. Para completar lo que llevamos dicho sobre los dos modos, damos á continuación una tabla de las escalas relativas mayores y menores.

Inmediatamente después, en otra tabla, presentamos los intérvalos que se hallan en la escala mayor y en la escala menor, indicando su naturaleza y los grados sobre los cuales se producen.

TABLA DE LAS ESCALAS RELATIVAS

MAYORES Y MENORES

TABLA DE LOS INTERVALOS

que se hallan en la escala mayor y en la escala menor.

Nombre de los intervalos		ESCALA MAYOR núm°	ESCALA MAYOR Grados en que se producen	ESCALA MENOR núm°	ESCALA MENOR Grados en que se producen
segundas	menores	2	3, 7	3	2, 5, 7
	mayores	5	1, 2, 4, 5, 6	3	1, 3, 4
	aumentada	0		1	6
terceras	menores	4	2, 3, 6, 7	4	1, 2, 4, 7
	mayores	3	1, 4, 5	3	3, 5, 6
cuartas	disminuida	0		1	7
	justas	6	1, 2, 3, 5, 6, 7	4	1, 2, 3, 5
	aumentadas	1	4	2	6
quintas	disminuidas	1	7	2	2, 7
	justas	6	1, 2, 3, 4, 5, 6	4	1, 4, 5, 6
	aumentada	0		1	
sextas	menores	3	3, 6, 7	3	1, 7
	mayores	4	1, 2, 4, 5	4	2, 3, 4, 6
séptimas	disminuida	0		1	7
	menores	5	2, 3, 5, 6, 7	3	2, 4, 5
	mayores	2	1, 4	3	1, 3, 6
octavas	justas	7	1, 2, 3, 4, 5, 6, 7	7	1, 2, 3, 4, 5, 6, 7

Se observará que los intervalos de ***tercera disminuida*** — ***tercera aumentada*** — ***sexta disminuida*** — ***sexta aumentada*** — ***octava disminuida*** — y ***octava aumentada*** — asi como todos los ***subdisminuidos*** ó ***superaumentados***, no se hallan ni en el modo mayor ni en el menor, y por consiguiente no pueden ser mas que el resultado de notas cromáticas.

EJERCICIOS

1º Reproducir la tabla de las escalas relativas, copiando tan solo las escalas mayores con bemoles y las menores con sostenidos, completándola después de memoria.

2º Indicar en qué escalas mayores y menores se hallan los intérvalos formados por las notas ***mi♭—sol***; ***re♯—fa♯***; ***si—mi***; ***sol—do♯***; ***si—la♭***; ***mi—si***; ***do—la♭***; y ***do—mi♭***.

SIGUEN LAS ESCALAS RELATIVAS

11ª Lección.

148. Teniendo las dos escalas relativas la misma armadura en la clave, se necesita poseer un medio para distinguir en cual de las dos está escrito un trozo de música.

149. Este medio consiste principalmente en buscar en los primeros compases, la nota que no es común á las dos escalas.

Ya sabemos que dicha nota es la dominante del modo mayor que, elevada un semitono cromático en la escala menor relativa, representa la nota sensible. Luego, si esta nota no está alterada, el trozo de música pertenecerá al modo mayor; y al contrario, si ha sido elevada un semitono cromático, la composición pertenecerá á la escala menor relativa.

Asi pues, teniendo *cuatro bemoles* en la clave, tanto puede pertenecer á la escala de *la bemol mayor*, como á la de *fa menor*.

Si la dominante de *la bemol mayor*, que es *mi bemol*, no está alterada, pertenecerá á *la bemol mayor*.

EJEMPLO

Si esta misma nota, *mi bemol*, está alterada por un *becuadro*, pertenecerá a *fa menor*, de la que el *mi becuadro* es nota sensible. [1]

EJEMPLO

150. Tambien se puede reconocer el modo por la nota del bajo que termina la pieza, puesto que dicha nota suele casi siempre ser la *tónica* Pero. mas vale no emplear este medio sino para comprobar el precedente, en el caso en que nos quedara alguna duda. [2]

EJERCICIO

Examinar diferentes trozos de música y buscar su tonalidad.

DE LA ESCALA CROMÁTICA

12ª Lección.

151. La escala cromática es aquella que solo está compuesta de ***semitonos diatónicos* y *cromáticos*.**

152. Toda escala mayor ó menor puede ser trasformada en escala cromatica.

Se efectúa esta trasformación haciendo percibir los sonidos intermedios que exis- -ten entre todos los grados separados por un tono. El sonido intermedio, que es la nota cromática, *no implica ninguna idea de modulación*. [3]

---

(1) Puede llegar el caso, aunque raramente en verdad, en que el 7º grado de la escala menor no esté alterado; entonces será bueno emplear al mismo tiempo el medio indicado en el § 150.

(2) Con el análisis de la frase melódica y de los acordes que la acompañan, se reconoce la modalidad de una manera mas segura y sobre todo mas artistica; pero, para esto, es necesario poseer ciertos conocimientos que solo se adquieren con el estudio de la harmonía.

(3) Véase la 14ª leeción *"De la Modulación"*

153. Se obtiene la nota cromática:

1º Por el *accidente ascendente*, para pasar de una nota á otra mas aguda (ya sea por medio del sostenido delante de una nota no alterada, ya sea por el becuadro delante de una nota bemolada); (1) *excepto para con el sexto grado de la escala mayor y el primero de la escala menor, que no pueden ser alterados ascendiendo.* (2)

EJEMPLOS

2º Por el *accidente descendente*, para pasar de una nota á otra mas grave (ya sea por medio del bemol delante de una nota no alterada, ya sea por el becuadro delante de una nota sostenida); (3) *excepto para con el quinto grado de la escala mayor y el séptimo de la escala menor* (4) *que no pueden ser alterados descendiendo.*

---

(1) En la escala ascendente se emplea el accidente ascendente, porque estando mas próximo á la nota superior, tiende siempre á subir.

(2) No pueden ser alterados el 6º grado del modo mayor, ni el 1º del modo menor, por accidentes ascendentes; tampoco pueden serlo por accidentes descendentes, el 5º del modo mayor y el 7º del modo menor (Véase la nota 4 de esta página); porque estas alteraciones son absolutamente heterogéneas con los sonidos de la escala diatónica, y *no pueden entrar en la composición de un acorde perfecto mayor ó menor del cual forme parte una nota de la escala diatónica.*

No teniendo dichas alteraciones ninguna afinidad con las notas diatónicas de la escala, no podrían oirse sin que inmediatamente se percibiera la modulación.

No obstante, en la harmonía se pueden emplear algunas veces estas alteraciones; mas á fin de neutralizar su tendencia modulante, debe tener una gran importancia tonal el acorde sobre el cual se resuelva una de ellas.

EJEMPLO

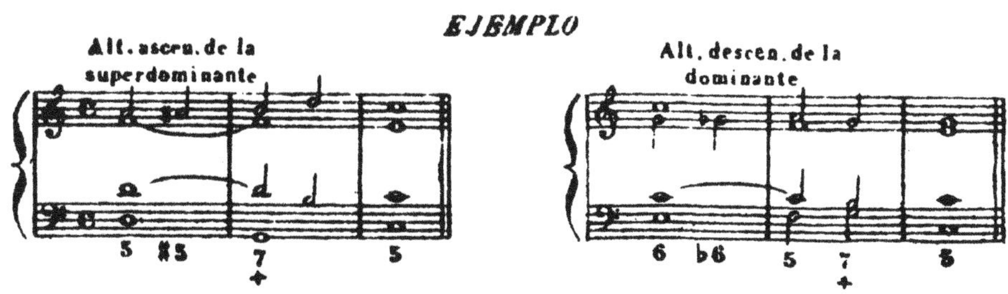

(3) En la escala descendente se emplea el accidente descendente, porqué estando mas próximo á la nota inferior, tiende siempre á bajar.

(4) Nos referimos al séptimo grado inalterado; al *sol*, por ejemplo, en *la* menor y no al *sol* # que por si mismo es una alteración (léase de nuevo la 9ª lección)

EJEMPLOS

Escala crom. de do mayor

Escala crom. de la menor

Escala crom. de re mayor

Escala crom. de sol menor

154. Se vé, segun los ejemplos que preceden:

1º Que la ***escala cromática*** contiene ***doce semitonos*** de los cuales ***siete*** son ***diatónicos*** y cinco, ***cromáticos***.

2º Que pudiéndose trasformar la escala mayor y la menor en escala cromática, ***habrá escalas cromáticas en todos los tonos***.

OBSERVACIÓN. — En ciertos métodos de instrumentos, sobre todo en los que se afinan según el temperamento, se halla anotada la escala cromática prescindiendo de estas leyes tonales; es decir, empleando indiferentemente el sostenido ó el bemol para la nota cromatica, tanto al ascender como al descender.

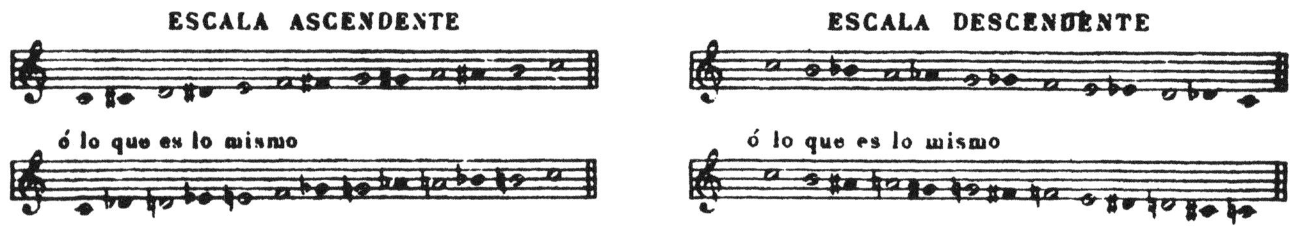

Los autores de estos métodos han dado sin duda poca importancia á la anotación tonal, porque produciendose las notas enharmónicas (esto es *do #* y *re b*) sobre la misma tecla ó sobre la misma cuerda, su efecto es absolutamente el mismo para el oyente.

Al contrario, en la mayor parte de los métodos escritos para los instrumentos que no estan sujetos á las leyes del temperamento (como por ejemplo, el violin), los autores, al anotar la escala cromatica, han tenido que sujetarse á los verdaderos principios de la tonalidad. (Véase para la escala cromatica mayor ***l'Art du Violon*** de P. BAILLOT. pág 88.)

155. Las notas cromáticas dan variedad á los perfiles de la melodia, fineza y gracia á la harmonia. Su principal caracter es no determinar cambio alguno de tono ó modulación, pues es evidente que si una nota accidentada implicase una modulación, esta seria nota diatónica del tono á que se entra y no mas nota cromatica del tono de que se sale.

EJERCICIO

Tomando por modelo los ejemplos que preceden, trasformar en cromáticas las siguientes escalas diatónicas: ***re*** **mayor,** ***sol*** **menor,** ***mi*** **♭ mayor,** ***do*** **menor,** ***la*** **mayor y** ***fa*** **♯ menor.**

DE LAS ESCALAS ENHARMÓNICAS

13ª Lección.

156. Se llaman **escalas enharmónicas** dos escalas en que los grados que se corresponden están en relación enharmónica. (Véase: *De la enharmonía*. — 2ª parte, 3ª lección.)

EJEMPLO

UTILIDAD DE LAS ESCALAS ENHARMÓNICAS

157. Por medio de la *enharmonía*, se reducen á 12, número real de los sonidos contenidos en la escala cromática, las 15 escalas mayores asi como las 15 menores.

Ya hemos visto (3ª parte, 10ª lección), que existian 15 escalas, entre las cuales hay:

1 sin alteraciones,
7 con sostenidos en la clave.
y 7 con bemoles en la clave.

EJEMPLO

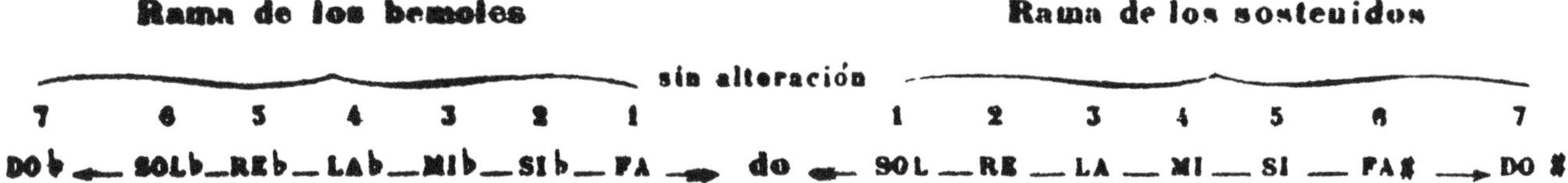

Luego, puesto que en realidad no hay mas que doce sonidos, doce puntos de partida, tanto para las escalas del modo mayor como para las del modo menor, cada uno de estos sonidos podrá ser la tónica común de dos escalas enharmónicas entre si.

158. Inclinando una hacia la otra las dos ramas del ejemplo que precede, esto es, la de los sostenidos y la de los bemoles, se juntarán en la enharmonía, *Fa* ♯ y *Sol* ♭, despues, entrelazándose reciprocamente, se presentarán nuevas enharmonías, el *Do* ♯ encontrará su enharmonía *Re* ♭, mientras que el *Do* ♭ hallará la suya que es *Si*; etc.

EJEMPLO

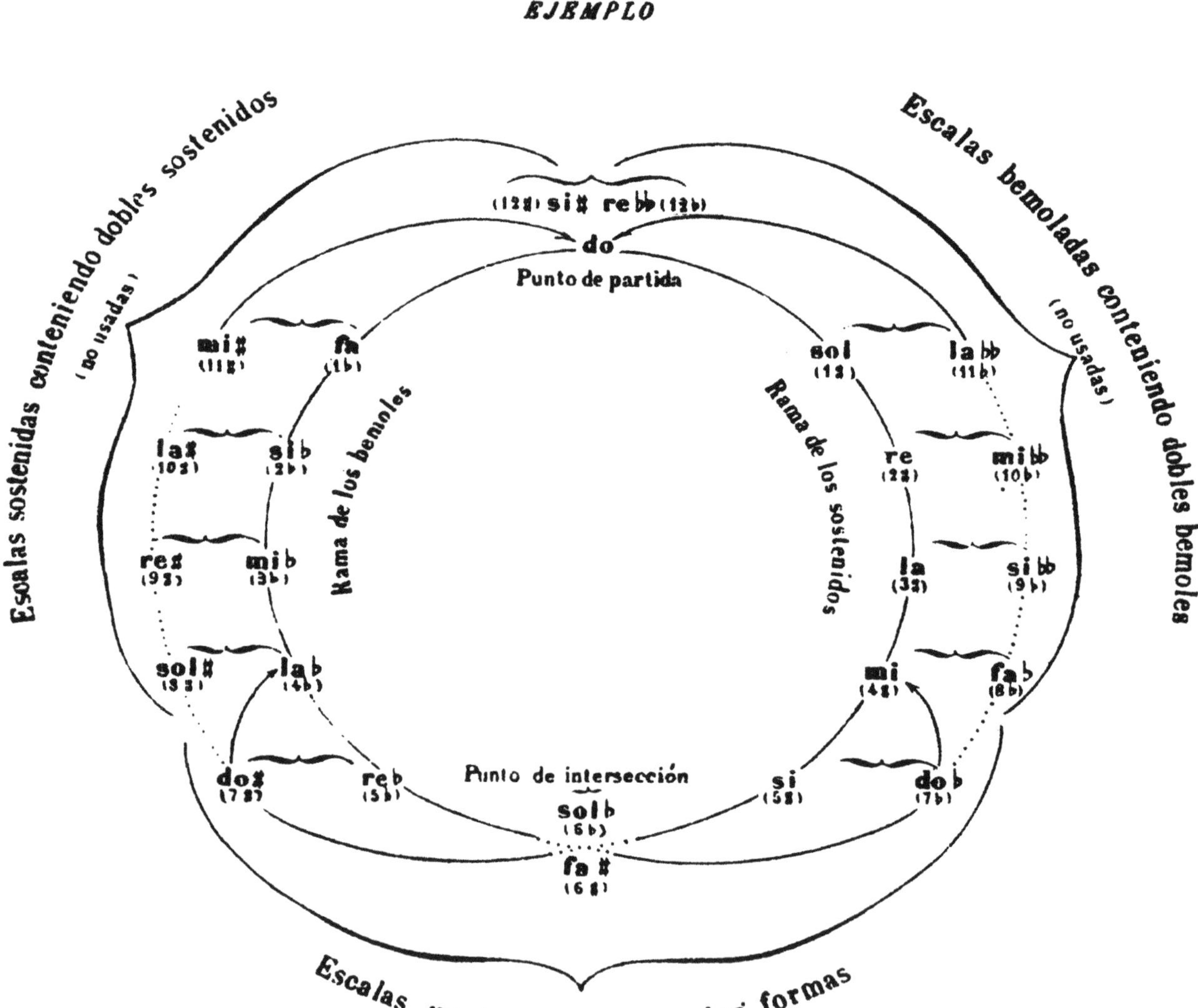

159. Se vé por esta figura que, partiendo del *do* por el órden de los sostenidos, se vuelve al punto de partida por el órden de los bemoles, puesto que todo lo que se avanza en el órden de los sostenidos se retrocede en el órden de los bemoles. Se observa igualmente que, partiendo del *do* por el órden de los bemoles se vuelve al punto de partida por el órden de los sostenidos, puesto que todo lo que se avanza en el órden de los bemoles, se retrocede en el órden de los sostenidos. (1)

---

(1) Se observará tambien (como mnemónica), que los sostenidos y bemoles que forman la armadura de la clave de dos escalas enharmónicas, completan el número 12. Asi, la escala de FA ♯ tiene 6 sostenidos en la clave y su enharmónica, la escala de SOL ♭, tiene tambien 6 bemoles, total 12.

160. Las escalas enharmónicas pueden reemplazarse reciprocamente, y por este medio, se evitan aquellos tonos que contienen gran número de accidentes y se facilita la lectura musical.

161. La *enharmonía* es el complemento del sistema tonal moderno. Es el punto por donde el órden de los sostenidos se encadena con el órden de los bemoles. Por la enharmonia, las escalas se enlazan reciprocamente y por medio de este enlace, partiendo del mismo punto por dos caminos opuestos, vuelven á este punto de partida, cuando parece que están mas alejadas.

EJERCICIO

Reproducir la tabla de las escalas mayores y menores (3ª parte, 10ª lección) y en frente de cada escala, escribir su enharmónica.

DE LA MODULACIÓN (1)

14ª Lección.

162. La **modulación** es el cambio de tono, y al mismo tiempo es tambien la transición por medio de la cual se opera este cambio.

163. La modulación está determinada por la alteración de una ó varias notas del tono en que nos hallamos. Estas alteraciones extrañas al tono de que se sale pertenecen al tono á que se entra.

164. La nota que determina la modulación es generalmente la *nota sensible* ó la *subdominante* del tono á que se modula.

EJEMPLO

Modulacion de **fa** may. á **do** may. por el **si** ♮ nota sensible del tono de **do**.

EJEMPLO

Modulación de **re** may. á **sol** may. por el **do** ♮ subdom. del tono de **sol**.

---

(1) En este capitulo solamente la indicamos, puesto que su explicación pertenece á la harmonia.

165. Esta nota puede ser tambien la nota sensible alterada del tono de que se sale.

EJEMPLO

Modulación de **do** menor á **mi** ♭ mayor por el **si** ♭, alteración de la nota sensible del tono de **do**

166. Si el tono á que se modula es simplemente pasajero, se colocarán inmediatamente delante de las notas que alteran, los accidentes pertenecientes al nuevo tono.

Si al contrario el tono a que se modula debe persistir durante mas largo tiempo, se reemplaza la armadura de la clave del tono de que se sale por la del tono á que se modula.

EJEMPLO

Asi como se vé por este ejemplo y por los que siguen, se deben excluir por medio de *becuadros*, en el momento mismo del cambio de armadura, todas las alteraciones que pertenecieron á la primera y que no forman parte de la nueva.

EL MISMO EJEMPLO EN sol.

167. El objeto de la *modulación*, es obviar la monotonia que resulta de la persistencia de una misma tonalidad en un trozo de música de alguna extensión.

EJERCICIO

Analizar un trozo de música en todo lo referente á la tonalidad; indicar las modulaciones, las transiciones por medio de las cuales se operan y el punto exacto donde tienen lugar, asi como la nota que las determina.

DEL TRASPORTE

13ª Lección.

168. **Trasportar** es ejecutar ó trascribir un trozo de música en un tono diferente del tono en que está escrito.

El objeto del trasporte, es trasladar á la tonalidad conveniente un trozo de música escrito que resulte demasiado alto ó demasiado bajo para cierta voz ó instrumento. Asi, una aria escrita para voz de *Soprano*, deberá bajarse para poderla cantar un *Contralto*; una pieza escrita para voz de *Bajo*, deberá subirse para cantarla un *Tenor*.

169. Hay dos medios de trasportar:

Cambiando la posición de las notas sobre el pentagrama. (Empleado para el *trasporte escrito*.)

O cambiando la clave. (Empleado para el *trasporte mental*.)

DEL TRASPORTE CAMBIANDO LA POSICIÓN DE LAS NOTAS
(trasporte escrito)

170. Este trasporte es el mas fácil. Para efectuarlo, basta copiar las notas del trozo de música subiéndolas ó bajándolas al intervalo á que se quieran trasportar.

Es necesario colocar préviamente en la clave la armadura del tono á que se trasporta, modificando, á medida que se va escribiendo, algunas de las alteraciones accidentales. Estas modificaciones no ofrecerán gran dificultad, porque habrá tiempo para pensarlas.

EJEMPLO

FRAGMENTO PARA TRASPORTAR

Trasportar 1 tono mas bajo este fragmento que está en *do mayor*, es escribirlo en *si ♭ mayor*.

Será, pues, necesario para esto:

1º Colocar en la clave la armadura del tono de *si ♭ mayor*, ó sea: *si ♭* y *mi ♭*

2º Copiar todas las notas 1 tono mas bajas, ó sea:

Trasportar 1 tono mas alto el mismo fragmento en *do*, es escribirlo en *re mayor*
Para esto será necesario:

1º Colocar en la clave la armadura del tono de *re mayor*, ó sea: *fa* ♯ y *do* ♯.

2º Copiar todas las notas un tono mas altas, ó sea:

DEL TRASPORTE CAMBIANDO LA CLAVE
(trasporte mental)

171. Este trasporte que exige la costumbre de leer con todas las claves, es mucho mas difícil que el anterior.

Para efectuarlo se necesita:

1º Hallar la *clave* con la cual pueda leerse en el tono que se desea.

2º Suponer en la clave, la *armadura* del tono á que se trasporta.

3º Conocer de antemano las notas cuyas *alteraciones accidentales* se han de modificar por motivo del cambio de armadura.

Examinemos una por una estas tres operaciones.

172. **Clave que se ha de emplear.** — Para hallar la clave por medio de la cual se pueda leer en el tono que se desea, es necesario buscar la que dé á la nota *tónica del trozo escrito*, el nombre de la *tónica del trozo trasportado*. (1)

EJEMPLO

FRAGMENTO PARA TRASPORTAR

do mayor

Para trasportar este fragmento escrito en *do*, una tercera mas baja, es decir, á *la*, se ha de escoger la clave que dé al *do*, *tónica* de este mismo fragmento, el nombre de *la*, tónica del tono á que se trasporta. Esta será la *clave de do* en 1ª linea, ó sea:

La práctica de las diferentes claves facilita mucho esta operación.

---

(1) En este cambio, la clave sirve para indicar el nombre de la nota, pero no expresa siempre su altura en la escala general.

173. Armadura del tono á que se trasporta.— Basta colocar mentalmente despues de la clave, la armàdura del tono á que se trasporta. Asi, en el anterior ejemplo en *do mayor* trasportado á *la mayor*, se supondrán 3 sostenidos en la clave (armadura del tono de *la* mayor).

EJEMPLO

174. Notas cuyas alteraciones accidentales deberán ser modificadas.— La verdadera dificultad del trasporte, es conocer de antemano las notas cuyas alteraciones accidentales deben ser modificadas; no obstante, existen reglas precisas para allanar esta dificultad y en las cuales nos vamos á ocupar.

175. REGLA 1ª— Si el tono á que se trasporta tomase *mas sostenidos* ó *menos bemoles* (lo cual es lo mismo), que el trozo escrito, habrá tantos *sostenidos mas* ó *bemoles menos* como *notas se hayan tomado en el órden de los sostenidos* (*fa, do, sol, re, la, mi, si*); las alteraciones accidentales colocadas delante de dichas notas, se ejecutarán (en el trasporte) un semitono cromático mas altas. El *doble bemol* pasará á ser *bemol*; el *bemol*, *becuadro*, el *becuadro*, *sostenido*, y el *sostenido*, *doble sostenido*.

Los accidentes colocados delante de las demás notas no sufrirán modificación alguna.

APLICACIÓN DE ESTA REGLA
FRAGMENTO PARA TRASPORTAR

Habiéndose dado este fragmento en *si ♭ mayor*, para trasportarlo á *sol mayor*, después de haber supuesto la *clave de do* en 1ª linea y 1 sostenido en la clave en vez de 2 bemoles, se observará que la diferencia entre la armadura del tono escrito y la armadura supuesta, es de 2 *bemoles menos* y 1 *sostenido mas* equivalente á 3 alteraciones ascendentes mas.) (1) En consecuencia, los accidentes colocados delante de las 3 primeras notas tomadas en el órden de los sostenidos, es decir, *fa*, *do*, *sol*, deberán ser *elevados* un semitono.

EL MISMO FRAGMENTO TRASPORTADO A SOL MAYOR

(1) Dos *bemoles* menos y un *sostenido* más, equivalen en efecto á 3 alteraciones *ascendentes* mas; pues, si en una *modulación* de *si* ♭ mayor á *sol* mayor, se cambiara la armadura de la clave, seria necesario colocar antes del *fa* ♯ (armadura del tono de *sol*) dos *becuadros* para anular el *si* ♭ y el *mi* ♭ (armadura del tono de *si* ♭ véase § 166). Luego, elevando el *becuadro* la nota *bemolada* es un verdadero accidente ascendente.

Comparando el fragmento escrito en *si* ♭ con el mismo fragmento trasportado á *sol*. se observará que todos los accidentes que (en el trasporte en *sol*), están colocados delante de las notas *fa*, *do*, *sol*, son interpretados 1 semitono mas *altos*.

176. Regla 2ª — Si el tono á que se trasporta tomase *mas bemoles* ó *menos sostenidos* (lo cual es lo mismo), que el trozo escrito, habrá tantos *bemoles más* ó *sostenidos menos* como *notas se hayan tomado en el órden de los bemoles* (*si*, *mi*, *la*, *re*, *sol*, *do*, *fa*;) las alteraciones accidentales colocadas delante de dichas notas se ejecutarán (en el trasporte) 1 semitono cromático *más bajas*. El *doble sostenido*, pasará á ser *sostenido*; el *sostenido*, *becuadro*; el *becuadro*, *bemol*, y el *bemol*, *doble bemol*.

Los accidentes colocados delante de las demás notas no sufrirán modificación alguna.

APLICACIÓN DE ESTA REGLA.

FRAGMENTO PARA TRASPORTAR

Habiéndose dado este fragmento escrito en *sol mayor* para trasportarlo á *fa mayor*, después de haber supuesto la *clave de do* en 4ª *línea* y 1 bemol en la clave en vez de 1 sostenido, se observará que la diferencia entre la armadura del trozo escrito y la armadura supuesta es de 1 *sostenido menos* y 1 *bemol más* (equivalente á 2 alteraciones descendentes más). En consecuencia, los accidentes colocados delante de las dos primeras notas tomadas en el órden de los bemoles, es decir, delante del *si* y del *mi*, deberán *bajarse* un semitono.

EL MISMO FRAGMENTO TRASPORTADO A FA MAYOR

Comparando el fragmento escrito en *sol* con el mismo fragmento tràsportado á *fa*, se observará que todos los accidentes que (en el trasporte en *fa*) están colocados delante de las notas *si* y *mi* son interpretados 1 semitono *más bajos*. (1)

Observación. — Nótese que estas dos reglas se corroboran, pues la segunda no es mas que la proposición inversa de la primera. Causas exactamente contrarias deben absolutamente producir efectos exactamente contrarios.

---

(1) Para el trasporte de 1 semitono cromático y las dificultades que á veces trae consigo, véase la nota (*j*) en el final de la obra.

EJERCICIOS

Trasportar ***cambiando la posición de las notas*** **(§ 170) y á los tonos de** ***sol mayor — si♭ mayor — mi mayor*** **y** ***re♭ mayor*****, los fragmentos siguientes.**

Trasportar ***cambiando la clave*** **(§ 171 y siguientes) y á los tonos de** ***re mayor — do mayor — la♭ mayor*** **y** ***re♭ mayor*****, el siguiente fragmento.**

Trasportar ***cambiando la clave*** **y á los tonos de** ***re menor — si menor — sol menor*** **y** ***fa♯ menor*****, el fragmento siguiente.**

FIN DE LA TERCERA PARTE.

CUARTA PARTE

DEL COMPÁS

En la primera parte de esta obra hemos estudiado los signos que representan las *duraciones*,(1) esto es, las figuras de las notas y de los silencios, asi como su valor relativo; después hemos tratado del puntillo, del doble puntillo, del tresillo y de la ligadura. Ahora vamos á aprender la manera de agrupar y coordinar estos signos.

Las reglas que presiden estas disposiciones son el objeto del estudio del *compás*.

DE LAS LÍNEAS DIVISORIAS.

1ª Lección.

177. El **compás** es la división de un trozo de música en partes iguales.

Esta división se indica por medio de unas líneas que atraviesan perpendicularmente el pentagrama y que se llaman **líneas divisorias**.

EJEMPLO

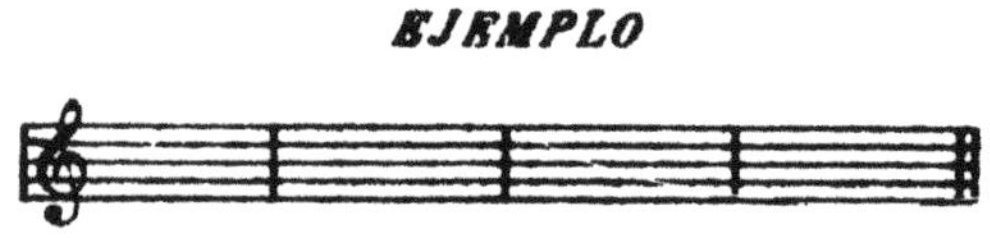

178. El conjunto de los valores, notas ó silencios, que se hallan comprendidos entre dos líneas divisorias, forma **un compás**.

La suma de estos valores debe ser igual para todos los compases que forman un trozo de música,(2) y por consiguiente dichos compases serán todos de igual duración.

EJEMPLO

Se vé por este ejemplo que cada compás encierra una suma de valores igual á una blanca con puntillo ó á tres negras.

---

(1) Lecciones: 2ª, 3ª, 10ª, 11ª, 13ª, 14ª y 15ª.

(2) Mientras no haya un cambio de compás. (Véase 3ª lección, § 185.)

179 El final de un trozo de música se indica siempre por una **doble barra** encima de la cual se escribe ordinariamente la palabra **FIN**

EJEMPLO

La *doble barra* [1] se emplea tambien para separar dos partes de un trozo de música;

EJEMPLO

Ó antes de un cambio de armadura de clave;

EJEMPLO

Ó en fin, antes de un cambio de compas. (Véase 3ª leccion, § 185.)

EJEMPLO

EJERCICIOS

Sumar los valores, notas y silencios, que se hallan en cada compás, y asegurarse de que la suma de estos valores es igual en cada uno.

Debiendo contener cada uno de los siguientes compases el valor de una blanca ó de dos negras; colocar las lineas divisorias.

---

(1) En este caso hace las veces de *linea divisoria* y de *doble barra*.

DE LOS TIEMPOS

2ª Lección.

180. El compás se subdivide en dos, tres ó cuatro partes que se llaman **tiempos**
Existe, pues: el compás de *dos tiempos*.
el compás de *tres tiempos*.
y el compás de *cuatro tiempos*.

181. Los tiempos del compás no tienen todos igual importancia desde el punto de vista de la acentuación. Unos han de ser articulados con más fuerza que los otros; los primeros se llaman **tiempos fuertes** y los segundos, **tiempos débiles**.

Los **tiempos fuertes** son: el *primer tiempo* de cada compás y el *tercer tiempo* del compás de cuatro tiempos.

Asi:

En el compás de 2 tiempos, el primer tiempo es *fuerte* y el segundo es *débil*.

En el compás de 3 tiempos, el primer tiempo es *fuerte*, el segundo y el tercero son *débiles*.

En el compás de 4 tiempos, el primero y tercer tiempo son *fuertes*, el segundo y el cuarto son *débiles*.

182. Cada uno de estos tiempos puede subdividirse á su vez en varias partes: la primera parte de un tiempo es fuerte relativamente á las otras que son débiles.

183. Cuando los tiempos de un compás son divisibles por *dos*, se llaman *tiempos binarios* y constituyen el *compás simple*.

Cuando los tiempos de un compás son divisibles por *tres*, se llaman *tiempos ternarios* y constituyen el *compás compuesto*.

Existen, pues, dos especies de compás:

El **compás simple** cuyos *tiempos* son *binarios*.

El **compás compuesto** cuyos *tiempos* son *ternarios*.

EJERCICIOS

Indicar los tiempos fuertes y los tiempos débiles de los diversos fragmentos siguientes cuyos tiempos están numerados.

DE LAS CIFRAS

QUE SIRVEN PARA INDICAR LOS DIFERENTES COMPASES

3ª Lección.

184. Se indican los diferentes compases por medio de dos cifras dispuestas en forma de quebrado,(1) cuya unidad es la redonda.(2)

EJEMPLO

$\frac{2}{4}$; $\frac{3}{2}$: $\frac{9}{8}$; $\frac{4}{1}$

185.

Estas dos cifras se colocan al principio del trozo de musica, inmediatamente después de la clave. Si durante el curso de una misma pieza se presenta un cambio de compás, se indicará este nuevo compás por otras cifras que se colocarán después de la doble barra.

EJEMPLO

186. La cifra superior (*numerador*, porque indica el número), expresa la cantidad de valares que forman un compás.

La cifra inferior (*denominador*, porque indica la denominación), expresa la *calidad* de estos valores.

EJEMPLOS

Expresa un compás formado de dos cuartos de redonda, es decir, de dos negras. El 2, indica que hay dos valores; el 4, indica que estos valores son dos cuartos de redonda, esto es, dos negras.

Expresa un compás formado de doce octavos de redonda, es decir, de doce corcheas. El 12, indica que hay doce valores; el 8, indica que estos valores son octavos de redonda, esto es, corcheas.

187. Se enuncian los diferentes compases por el nombre de las cifras que los representan; por consiguiente:

Un compás compuesto de dos cuartos de redonda y cifrado asi $\frac{2}{4}$, se llama *compás de dos por cuatro*.

Un compás compuesto de doce octavos de redonda y cifrado asi $\frac{12}{8}$, se llama *compás de doce por ocho*.

188. Se emplea casi siempre una abreviación para los compases que se cifran con $\frac{2}{2}$ y con $\frac{4}{4}$.

El que se cifra con $\frac{2}{2}$, está indicado por un solo 2 ó por el siguiente signo ¢ (c tachada).

El que se cifra con $\frac{4}{4}$, está indicado por un solo 4 ó por este signo C (c).

---

(1) Menos la barrita que en los quebrados separa las dos cifras.

(2) Véase la 1ª parte, § 11.

EJERCICIOS

Indicar la composición de los compases que expresan las cifras ó los signos siguientes.

$\frac{12}{8}$; $\frac{12}{2}$; $\frac{6}{8}$; $\frac{3}{1}$; $\frac{3}{8}$; $\frac{4}{2}$; $\frac{2}{1}$; ¢; 4; $\frac{3}{4}$; C; 2; $\frac{9}{8}$; $\frac{6}{2}$; $\frac{3}{2}$; $\frac{2}{4}$; $\frac{4}{1}$; $\frac{6}{4}$; $\frac{12}{8}$;.

Indicar las cifras que expresan las diferentes composiciones de los siguientes compases.

Un compás formado de *nueve octavos de redonda*
— *doce cuartos de redonda*
— *cuatro redondas*
— *cuatro negras*
— *seis semicorcheas*
— *tres corcheas*
— *dos blancas*
— *dos negras*
— *tres negras*
— *seis corcheas*

4ª Lección. DE LOS COMPASES SIMPLES.

189. El **compás simple** es aquel en que la suma de los valores que forma cada uno de sus tiempos equivale siempre á un signo de valor simple. ó sea: ***una redonda, una blanca, una negra ó una corchea.*** Este compás es por consiguiente ***aquel cuyos tiempos son divisibles por dos.*** (Tiempos binarios.)

190. En los compases simples, la ***cifra inferior*** (denominador) indica la duración que ocupa un tiempo. Luego, si en cada uno de los tiempos de estos compases no puede entrar mas que ***una redonda, una blanca, una negra ó una corchea,*** resulta que esta cifra inferior ha de ser precisamente el **1**, el **2**, el **4** ó el **8**.

La cifra	1	representa	la ***unidad***	la ***redonda.***
—	2	—	la ***mitad***	la ***blanca.***
—	4	—	el ***cuarto***	la ***negra.***
—	8	—	el ***octavo***	la ***corchea.***

191. La ***cifra superior*** (numerador) indica la ***cantidad*** de estos valores y por consiguiente el ***número de tiempos.*** Luego, si los compases no pueden ser mas que de dos, tres ó cuatro tiempos, la cifra superior será el **2**, el **3** ó el **4**.

EJEMPLO

Las cifras $\frac{3}{2}$, colocadas al principio de éste compás, indican que entran ***tres mitudes***, es decir, ***tres blancas***, en el compás entero (ó una suma de valores igual á tres blancas); y al mismo tiempo, el **3** indica que el compás es de tres tiempos, y el **2**, que entra una blanca (ó una suma de valores igual á una blanca) en cada tiempo.

192. Pudiéndose presentar cada uno de los compases simples de 2, 3 y 4 tiempos bajo cuatro formas diferentes, es decir, pudiendo entrar en cada tiempo una *redonda*, una *blanca*, una *negra* ó una *corchea*; de ahi resulta que existen *doce compases simples* de los cuales he aqui la tabla.

TABLA DE LOS COMPASES SIMPLES
(Tiempos binarios)

193. Los compases simples mas usados en la música moderna, son aquellos que contienen una negra en cada tiempo: $\frac{2}{4}$ $\frac{3}{4}$ y C.

Tambien se usan con frecuencia, el de dos tiempos ₵, en que entra una blanca, en cada tiempo, y el de tres tiempos $\frac{3}{8}$, en que entra una corchea en cada tiempo.

EJERCICIOS

Colocar las cifras indicadoras al principio de cada uno de los siguientes compases.

DE LOS COMPASES COMPUESTOS

5ª Lección.

194. El **compás compuesto** es aquel en que la suma de los valores que forma cada uno de sus tiempos equivale siempre á un signo de valor con puntillo, ó sea: una *redonda con puntillo*, una *blanca con puntillo*, una *negra con puntillo* ó una *corchea con puntillo*. Este compás es por consiguiente *aquel cuyos tiempos son divisibles por tres*. (Tiempos ternarios.)

195. En los compases compuestos, la *cifra inferior* (denominador), indica la *duración* que ocupa *un tercio de tiempo*. Luego, si en cada uno de los tiempos de estos compases no puede entrar más que una *redonda con puntillo*, una *blanca con puntillo*, una *negra con puntillo* ó una *corchea con puntillo*, esta cifra inferior no podrá ser otra que el 2, el 4, el 8 ó el 16.

La cifra 2, representa una *blanca*, tercio de un tiempo ocupado por una *redonda con puntillo*.

La cifra 4, representa una *negra*, tercio de un tiempo ocupado por una *blanca con puntillo*.

La cifra 8, representa una *corchea*, tercio de un tiempo ocupado por una *negra con puntillo*.

La cifra 16, representa una *semicorchea*, tercio de un tiempo ocupado por una *corchea con puntillo*.

196. La *cifra superior* (numerador), indica la cantidad de estos valores. Luego, si los compases no pueden ser mas que de dos, tres ó cuatro tiempos, la cifra superior sera el 6, el 9 ó el 12.

La cifra	6	indica	6	tercios de tiempo,	para el compás de	2	tiempos.
La	— 9	—	9	—	—	3	—
La	— 12	—	12	—	—	4	—

EJEMPLO

Las cifras $\frac{12}{4}$, colocadas al principio de este compás, indican que entran *doce cuartos de redonda*, es decir, *doce negras*, en cada compás entero (ó una suma de valores igual á 12 negras). Luego, siendo cada negra un tercio de tiempo, el compás será de cuatro tiempos y en cada tiempo entrarán 3 negras (ó una suma de valores igual á 3 negras).

197. Pudiéndose presentar cada uno de los compases compuestos de 2, 3 y 4 tiempos bajo cuatro formas diferentes, es decir, pudiendo entrar en cada tiempo una *redonda con puntillo*, una *blanca con puntillo*, una *negra con puntillo* ó una *corchea con puntillo*, resulta que hay doce compases compuestos de los cuales he aqui la tabla.

TABLA DE LOS COMPASES COMPUESTOS.

(Tiempos ternarios)

198. Los compases compuestos mas usados en la música moderna, son aquellos que contienen una negra con puntillo en cada tiempo: $\frac{6}{8}$; $\frac{9}{8}$; $\frac{12}{8}$.

Los compases de $\frac{6}{4}$ y de $\frac{9}{16}$, se emplean tambien algunas veces.

EJERCICIOS

Colocar las cifras indicadoras al principio de cada uno de los siguientes compases.

DE LA RELACIÓN

DE LOS COMPASES SIMPLES CON LOS COMPASES COMPUESTOS

6ª Lección.

199. Cada compás simple corresponde á un compás compuesto y *vice versa*.

Los dos compases que se corresponden tienen siempre el mismo número de *tiempos*.

En el compás simple, entra en cada tiempo una figura de nota simple (produciendo tiempos binarios).

En el compás compuesto correspondiente, entra la misma figura de nota con puntillo en cada tiempo (produciendo tiempos ternarios). (1)

EJEMPLOS

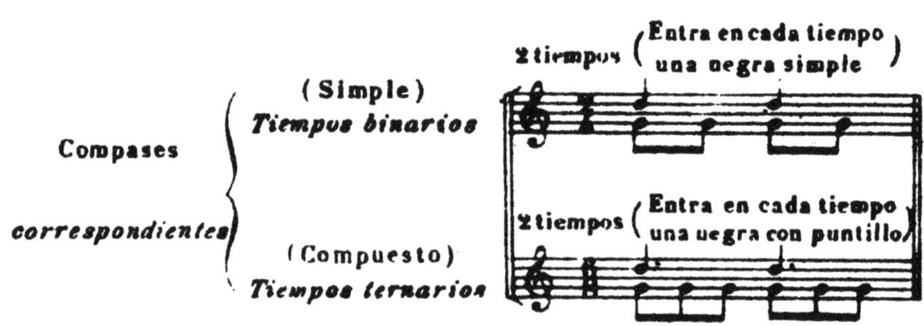

200. Para transformar un compás simple en compás compuesto, se ha de añadir un puntillo á la figura de nota que forma un tiempo del compás simple.

EJEMPLO

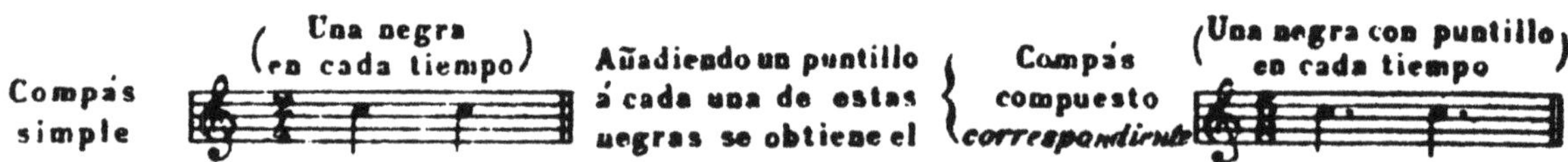

201. Para transformar un compás compuesto en compás simple, se ha de invertir la operación, esto es, se ha de suprimir el puntillo que sigue á cada figura de nota que forma un tiempo del compás compuesto.

EJEMPLO

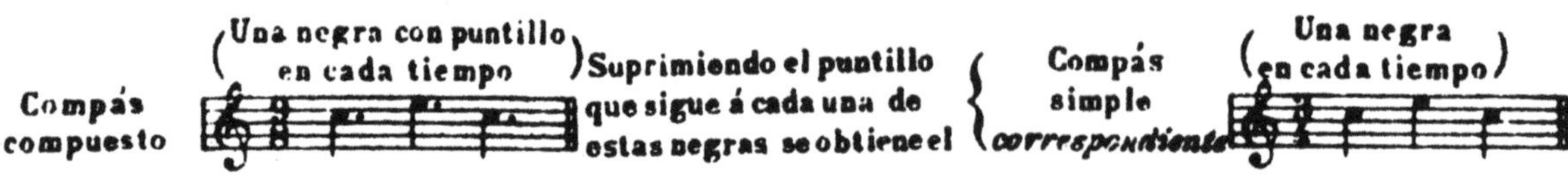

---

(1) Véase la nota (K) al final de la obra.

202. **Para hallar las cifras indicadoras de un compás compuesto correspondiente á un compás simple, se ha de multiplicar por 3 la cifra superior de este mismo compás simple, y por 2, su cifra inferior.**

EJEMPLO

CIFRAS INDICADORAS *de un compás simple*		CIFRAS INDICADORAS *del compás compuesto correspondiente*
3	multiplicado por 3, dá	9
2	multiplicado por 2, dá	4

203. **Para hallar las cifras indicadoras de un compás simple correspondiente á un compás compuesto, se invierte la operación, es decir, se divide por 3 la cifra superior de este mismo compás compuesto, y por 2, su cifra inferior.** [1]

EJEMPLO

CIFRAS INDICADORAS *de un compás compuesto*		CIFRAS INDICADORAS *del compás simple correspondiente*
9	dividido por 3, dá	3
4	dividido por 2, dá	2

204. **En el compás simple, el numerador es siempre 2, 3 ó 4.**

El numerador	2	para el compás de	2	tiempos.
—	3	—	3	—
—	4	—	4	—

205. **En el compás compuesto, el numerador es siempre 6, 9 ó 12.**

El numerador	6	para el compás de	2	tiempos
—	9	—	3	—
—	12	—	4	—

206. **Comprobar todos estos datos en la tabla comparativa que sigue.**

---

(1) Para expresar un compás compuesto, es necesario tomar como cifra inferior (denominador), la que expresa el valor equivalente al tercio de un tiempo, puesto que un tiempo está formado por un valor de nota con puntillo que no puede representarse por una cifra.

Si el denominador, en vez de ser representado por una cifra, lo fuera por la misma figura de nota que entra en un tiempo, el numerador podrá ser el mismo, tanto para un compás simple como para el compás compuesto correspondiente.

EJEMPLOS

Compases simples	2 / ♩	en vez de 2/4	3 / 𝅗𝅥	en vez de 3/2

y por consiguiente

Compases compuestos correspondientes	2 / ♩.	en vez de 6/8	3 / 𝅗𝅥.	en vez de 9/4

TABLA GENERAL Y COMPARATIVA

de los doce compases simples y de los doce compases compuestos.

		Compases de 2 tiempos	Compases de 3 tiempos	Compases de 4 tiempos
Compases correspondientes	Simples tiempos binarios 𝅝 en cada tiempo	dos por uno (2/1)	tres por uno (3/1)	cuatro por uno (4/1)
	Compuestos tiempos ternarios 𝅝. en cada tiempo	seis por dos (6/2)	nueve por dos (9/2)	doce por dos (12/2)
Compases correspondientes	Simples tiempos binarios 𝅗𝅥 en cada tiempo	dos por dos (2/2 ó 𝄵)	tres por dos (3/2)	cuatro por dos (4/2)
	Compuestos tiempos ternarios 𝅗𝅥. en cada tiempo	seis por cuatro (6/4)	nueve por cuatro (9/4)	doce por cuatro (12/4)
Compases correspondientes	Simples tiempos binarios ♩ en cada tiempo	dos por cuatro (2/4)	tres por cuatro (3/4)	cuatro por cuatro (4/4 ó C)
	Compuestos tiempos ternarios ♩. en cada tiempo	seis por ocho (6/8)	nueve por ocho (9/8)	doce por ocho (12/8)
Compases correspondientes	Simples tiempos binarios ♪ en cada tiempo	dos por ocho (2/8)	tres por ocho (3/8)	cuatro por ocho (4/8)
	Compuestos tiempos ternarios ♪. en cada tiempo	seis por diez y seis (6/16)	nueve por diez y seis (9/16)	doce por diez y seis (12/16)

EJERCICIOS

Transformar en compases compuestos los siguientes compases simples.

Transformar en compases simples los siguientes compases compuestos.

Escribir las cifras indicadoras de los compases compuestos que corresponden á los compases simples siguientes: $\frac{3}{1}$ $\frac{4}{2}$ $\frac{2}{4}$ $\frac{2}{8}$.

Escribir las cifras indicadoras de los compases simples que corresponden á los compases compuestos siguientes: $\frac{12}{2}$ $\frac{9}{4}$ $\frac{9}{8}$ $\frac{6}{8}$.

DEL COMPÁS DE CINCO TIEMPOS

Y OTROS

7ª Lección

207 El **compás de cinco tiempos**, del cual algunos compositores han sacado gran partido,[1] es un compas de tres tiempos que alterna con uno de dos. Este es, pues, un *compas artificial*, puesto que es el resultado de la combinación de diferentes compases.[2]

EJEMPLO

208. Combinando asi diferentes compases se podria obtener igualmente el compás de 7 tiempos. (Un compás de 4, alternando con uno de 3 tiempos.)

EJEMPLO

209. Y hasta se podria obtener el compás de 9 tiempos. (Un compás de 4, alternando con uno de 3, seguido de otro de 2 tiempos.)

EJEMPLO

210. En estas diferentes combinaciones, sería indispensable subdividir el compás por medio de lineas divisorias de puntitos, para indicar al ejecutante la posición exacta de los tiempos fuertes.

EJEMPLO

---

(1) Véase la *stretta* de la aria de la "Dame blanche" (Boieldieu) y la canción de Magali de "Mireille" (Gounod)

(2) El oido no discierne con prontitud estas especies de compases, por que los tiempos fuertes no se presentan á intervalos iguales: su empleo es tambien muy raro, y al hablar de ellos aqui, es tan solo para recordarlos.

211. Estos compases pueden cifrarse, ya sea segun los principios expuestos anteriormente para los compases simples, en que la cifra superior expresa el número de tiempos y la cifra inferior la división de la redonda que forma un tiempo. (1)

EJEMPLO

O bien cifrando cada subdivisión de dichos compases.

EJEMPLO

EJERCICIOS

1º Cifrar un compás de 5 tiempos en que entre una blanca en cada tiempo.
2º Cifrar un compás de 7 tiempos en que entre una corchea en cada tiempo.
3º Cifrar un compás de 9 tiempos en que entre una redonda en cada tiempo.

8ª Lección.

DEL RITMO

212. El **ritmo** es el órden más ó menos simétrico y característico en que se presentan las diferentes duraciónes. (2)

EJEMPLO

Este ritmo característico del Bolero, es de 3 tiempos y está formado de una corchea y dos semicorcheas, en el primer tiempo, y dos corcheas en cada uno de los dos tiempos siguientes.

---

1) Conviene indicar que el compás de 9 tiempos es un compás simple, para que no se confunda con el compás compuesto de 3 tiempos cuyo numerador es siempre 9.

(2) El sonido y la duración son los principales elementos de la música; pero un canto, una melodia, no están formados únicamente de sonidos y duraciones tomados al azar, como una frase pronunciada no esta compuesta de palabras colocadas una tras de otra, sin ningun vínculo gramatical

Reglas especiales enseñan á coordinar los sonidos y las duraciones, pero estas reglas pertenecen á la composición, y hablar de ellas seria ir mas allá del fin que nos hemos propuesto.

Diremos solamente que el ritmo es á la duración, como el diseño, el contorno melódico de una frase musical, es al sonido. Algunas veces el ritmo es aun más característico que el contorno melódico; la simple percusión de un ritmo, prescindiendo del sonido, puede muchas veces dar á conocer un canto, mientras que la audición de un contorno melódico, prescindiendo del ritmo, rara vez seria suficiente para conocer este mismo canto.

El ritmo es el diseño que los diferentes sonidos colorean.

213. El ritmo es una de las principales riquezas de la música moderna, y la investigación de ritmos nuevos y originales es lo que más preocupa al compositor. Sus combinaciones pueden variarse hasta lo infinito, y admirables ejemplos abundan en las partituras de los buenos maestros. (1)

214. Entre las varias formas rítmicas que existen, citaremos dos muy importantes y que ya hemos nombrado, estas son: la **síncopa** y el **contratiempo**.

DE LA SÍNCOPA

215. La **síncopa** es un sonido articulado sobre un tiempo débil ó sobre la parte débil de un tiempo, y prolongado sobre un tiempo fuerte ó sobre la parte fuerte de un tiempo.

Ej.  (2)

Sonidos articulados sobre el 2º y 4º tiempo (tiempos débiles), y prolongados sobre el 1º y 3er tiempo (tiempos fuertes)

Ej. 

Sonidos articulados sobre la 2ª parte de cada tiempo (parte débil), y prolongados sobre la 1ª parte (parte fuerte).

216. Cuando las dos partes de la síncopa no son de igual duración se llama **síncopa irregular**.

EJEMPLOS

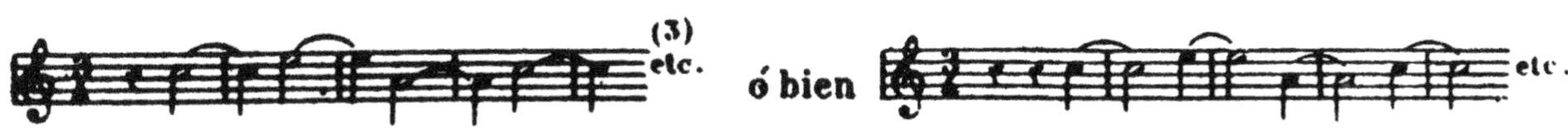

---

(1) Véase entre otros el preludio de la Sinfonia de "Moises", que el mismo Rossini cita como uno de sus descubrimientos rítmicos mas importantes.

(2) En la música antigua, se escribia la nota sincopada cuya segunda parte pertenece al compás siguiente, cortandola con la linea divisoria.

EJEMPLO

Pero hoy dia, para mas claridad, se escribe empleando la ligadura, como se vé en el ejemplo mas arriba expuesto.

(3) Antiguamente esta síncopa irregular se escribia asi:

217. Debiéndose articular siempre la ***síncopa*** **con fuerza, resulta que en realidad** es ***la sustitución del tiempo fuerte ó de la parte fuerte del tiempo.***

DEL CONTRATIEMPO

218. El **contratiempo** es un sonido articulado sobre un tiempo débil ó sobre la parte débil de un tiempo, pero que no se prolonga sobre el tiempo fuerte ó sobre la parte fuerte del tiempo

Este tiempo fuerte ó esta parte fuerte del tiempo está entonces ocupado por un silencio.

EJEMPLO

219. Cuando hay dos tiempos débiles contra un tiempo fuerte ó dos partes de tiempo débiles contra una parte fuerte, el **contratiempo** es **irregular**.

EJEMPLO

El **contratiempo** es una forma rítmica muy empleada, sobre todo en los acompañamientos.

EJERCICIOS

Variar de diferentes maneras el rítmo de los fragmentos siguientes.

DEL MOVIMIENTO Ó AIRE

9ª Lección.

220. El **movimiento ó aire** es el grado de lentitud ó velocidad con que se ha de ejecutar un trozo de música.

221. Ya sabemos que los signos que expresan las duraciones (notas ó silencios) tienen entre sí un valor relativo, es decir, que la blanca, por ejemplo vale la mitad de la redonda, que la negra vale la mitad de la blanca ó el cuarto de la redonda, etc. pero ninguno de estos signos tiene una duración absoluta.

El **movimiento**, pues, es quien determina la *duración absoluta* de los diferentes signos.

222. Existe una gran variedad de movimientos, desde el más lento al más vivo.

El movimiento se indica por medio de palabras italianas que se colocan en la parte superior del pentágrama, al principio de la composición.

He aqui los términos con que se expresan los principales movimientos ó aires.

TÉRMINOS	ABREVIACIONES	SIGNIFICADO
Largo		Largo, lento.
Larghetto		Un poco menos lento que largo.
Lento		Lento.
Adagio		Menos lento que lento.
Andante	**Andte**	Moderado.
Andantino	**Andino**	Un poco menos lento que andante.
Allegretto	**Alltto**	Un poco menos vivo que allegro.
Allegro	**Allº**	Alegre, vivo.
Presto		Apresurado.
Prestissimo	**Prestmo**	Muy apresurado.

Ej

223. A estos términos pueden añadirse otros que los modifiquen ó que expresen con mas particularidad el *caracter* ó la *expresión* del trozo de música. He aqui los principales:

Affettuoso	Afectuoso.
Agitato	Agitado.
Brioso ó con brio	Con brio.
Cantabile	Cantable.
Con anima	Con alma.
Con espressione	Con expresión.
Con fuoco	Con fuego.
Con moto	Con movimiento.
Con spirito	Con espíritu.
Grazioso	Gracioso.
Maestoso	Majestuoso.
Moderato	Moderado.
Mosso	Animado.
Risoluto	Resuelto.
Scherzo ó scherzando	Jugueteando.
Sostenuto	Sostenido.
Tempo giusto	Movimiento justo, preciso.
Vivace	Con viveza.
Vivo	Vivo

EJEMPLO

224. Con el auxilio de los siguientes adverbios, se pueden obtener nuevas modificaciones.

Poco	Poco.
Poco a poco	Poco á poco.
Un poco più	Un poco mas.
Più	Mas.
Molto più	Mucho mas.
Non molto	No mucho.
Non tanto	No tanto.
Non troppo	No demasiado.
Assai	Mucho, bastante.
Molto	Mucho.
Quasi	Casi.

EJEMPLO

And.ino quasi All.tto

All.o ma non troppo.

225. Sin embargo, todas estas indicaciones no son aun suficientes para designar un movimiento con exactitud. El ejecutante para interpretar fielmente una obra debería estar poseido del mismo estilo del autor, penetrar de un modo ú otro su pensamiento, si no se hubiese inventado un instrumento que indica con toda precisión las mas pequeñas diferencias de la velocidad.

DEL METRÓNOMO

226. Este instrumento es el **metrónomo** Perfeccionado por **Maëlzel**, es hoy dia de uso casi general.

He aqui su descripción someramente hecha:

Detrás de la péndola que sostiene un contrapeso móvil y que se pone en movimiento por medio de un mecanismo interior, se halla una escala numerada. La división de esta escala está basada sobre el número de oscilaciones que pueda realizar la péndola en un minuto; asi:

Colocando el contrapeso á la altura del Nº 60, la pendola realizará 60 oscilaciones por minuto, y por consiguiente, cada una de estas oscilaciones, durará un segundo.

Bajando el contrapeso hasta el Nº 120, la péndola realizará 120 oscilaciones por minuto, y cada una de estas oscilaciones, empleará medio segundo.

227. La indicación metronómica se coloca después del término de movimiento, y va expresada por una figura de nota (con ó sin puntillo), seguida de un número del cual la separan dos rayitas horizontales.

EJEMPLO

La figura de nota debe tener una duración igual á la de una oscilación.

El número indica la altura á que se ha de colocar el contrapeso móvil, para que la péndola ejecute el número de oscilaciones por minuto que se desea. (1)

228. La exacta observación del movimiento, tiene una gran importancia en la interpretación de una obra musical. Un trozo ejecutado, tanto con demasida velocidad como con demasiada lentitud, perderia su aire, su verdadero carácter, y la intención del compositor sería por lo tanto desnaturalizada.

EJERCICIOS

Indicar la duración absoluta de cada uno de los siguientes compases.

DE LA ALTERACIÓN DEL MOVIMIENTO

Y DE SU SUSPENSIÓN MOMENTÁNEA

10ª Lección.

229. La expresión de una frase musical puede, á veces, exigir que sea modificado el movimiento. Apresurando ó retardando.

Tambien sucede, algunas veces, que un pasaje no debe ser rigurosamente medido.

(1) Así, el ejemplo que precede significa que, estando colocado el contrapeso móvil frente al número 108 de la escala numerada, la péndola ejecutará 108 oscilaciones por minuto, y que la negra con puntillo tendrá una duración igual á la de una de dichas oscilaciones.

230. Estas alteraciones del movimiento ó del compás se indican por las expresiones siguientes, que se colocan durante el curso de la composición.

Para animar el movimiento

Animato		Animado.
Accelerando		Acelerando.
Più moto / *Più mosso*		Mas movimiento.
Stretto		Cerrado.

Para moderar el movimiento

Rallentando	*rall*	Moderando.
Ritardando	*ritard*	Retardando.
Ritenuto	*rit*	Retenido.
Slargando	*slarg*	Dilatando.

Para suspender la marcha regular del movimiento

Ad libitum	*ad libit*	A voluntad.
A piacere		A placer.
Senza tempo		Sin medida.

231. Despues de una alteracion de movimiento ó compás, para volver al movimiento regular del trozo de música, se indica de esta manera:

Tempo / **A Tempo**	Con medida.
1º Tempo	1er movimiento.
Lo stesso tempo	El mismo movimiento.

DEL CALDERÓN Ó CORONA

232. El movimiento puede tambien suspenderse momentáneamente.

Esta suspensión cuya duración es indeterminada, (1) se expresa por el siguiente signo 𝄐 que se llama **calderón** ó **corona**. (2)

233. Se coloca el **calderón** encima ó debajo de una nota ó de un silencio.

Indica este signo que la duración de la nota ó del silencio que afecta, debe prolongarse tanto tiempo como lo exija el buen gusto del ejecutante.

---

(1) Se habrá observado que la duración de esta suspensión de movimiento es ordinariamente igual á la de un compás entero. Esto no obstante no es una regla absoluta, sino una simple observación basada en la experiencia.

(2) Cuando el calderón está colocado encima ó debajo de una nota, los franceses le dan el nombre de *point d'orgue*, y le llaman *point d'arrêt*, cuando está colocado encima ó debajo de un silencio (N. del T.)

DE LA MANERA DE LLEVAR EL COMPÁS

11ª Lección.

234. Llevar el compás es marcar, por medio de signos con la mano, el órden y la duración de los tiempos.

235. En todos los compases, el primer tiempo se marca *abajo*, y el último se marca *arriba*.

Se marcan los diferentes compases de la manera seguiente:

COMPÁS DE 2 TIEMPOS

El 1.er tiempo .... *abajo*.
El 2.º — .... *arriba*.

COMPÁS DE 3 TIEMPOS

El 1.er tiempo .... *abajo*.
El 2.º — .... *á la derecha*.
El 3.er — .... *arriba*.

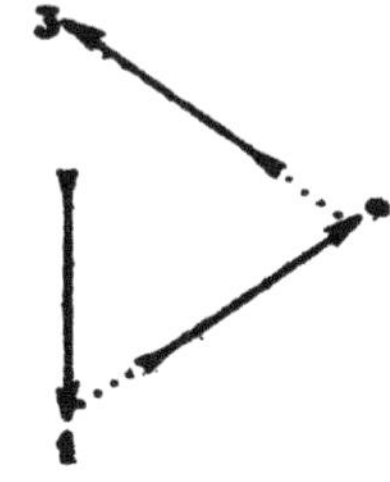

COMPÁS DE 4 TIEMPOS

El 1.er tiempo .... *abajo*.
El 2.º — .... *á la izquierda*.
El 3.er — .... *á la derecha*.
El 4.º — .... *arriba*.

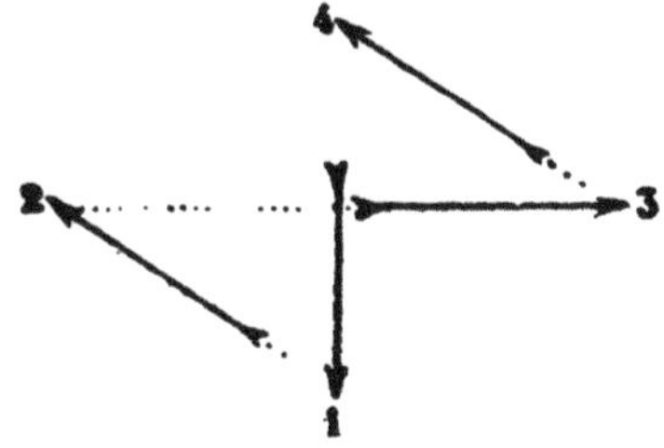

236. En los compases de movimiento lento, se puede marcar la división de los tiempos repitiendo acortados cada uno de los signos principales.

Asi un compás de $\frac{9}{8}$ en el movimiento *Adagio* ó *Larghetto*, se puede marcar de la manera siguiente:

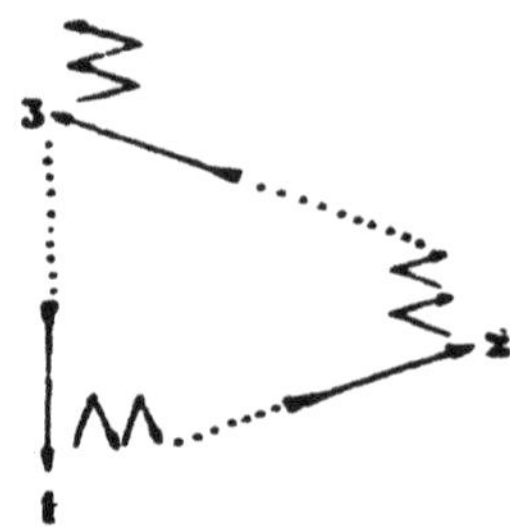

237. En los compases de movimiento rápido de 2 y 3 tiempos, no se marca ordinariamente mas que el 1.er tiempo. Por esta razón, algunas veces se dice impropiamente, *compás de 1 tiempo*; pero en realidad, *el compás de 1 tiempo no existe*.

DE ALGUNAS PARTICULARIDADES
RELATIVAS AL COMPÁS

12.a Lección.

238. Existen en la anotación musical ciertas particularidades que conciernen al compás y que será bueno conocer.

239. 1.º—Cuando hay un compás de silencio, *sea este cual fuere*, se indica por una *pausa de redonda*.

EJEMPLO

240. 2.º—Cuando hay 2 ó 4 compases de silencio; el primero se indica con la **barra de dos pausas** de redonda y un 2 colocado encima de la barra,

EJEMPLO

y el segundo con la **barra de cuatro pausas** de redonda y un 4 sobrepuesto á dicha barra.

EJEMPLO

241. 3º — Cuando hay un número mayor de compases de silencio, se coloca este signo ▬ sobre el pentágrama y encima del mismo la cifra que indica el número de compases callados.

EJEMPLO

27

Aqui se indica un silencio de 27 compases. Tanto este signo, como las barras de dos y cuatro pausas de redonda, se emplean solamente en las partes separadas, y nunca en las partituras.

242. 4º — Cuando el primer compás de un trozo de música empieza por silencios, es costumbre suprimirlos.

EJEMPLO

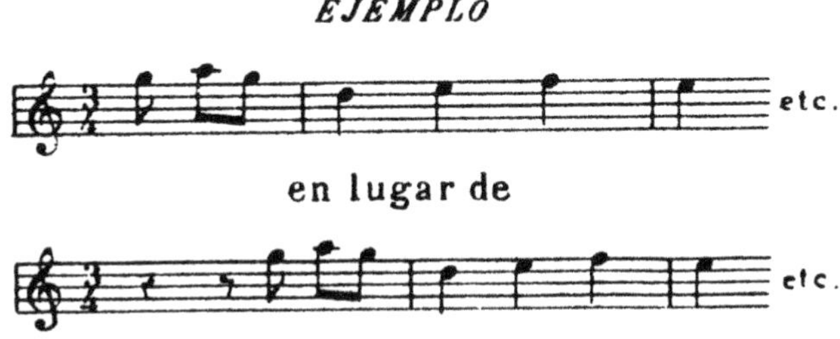

243. 5º — La doble barra, que indica (como ya hemos visto en la 1ª lección), dos partes distintas de un trozo de música, ó que se coloca delante de un cambio de armadura de la clave, ó delante de un cambio de las cifras indicadoras del compás, puede á veces colocarse tambien *durante el curso* de un compás.

Entonces no tiene significación alguna respecto del compás, y desde este punto de vista, debe considerarse como si no existiera. (Ya no hace las veces de *línea divisoria* sino solamente las de *doble barra*.)

Doble barra indicando dos partes distintas de un mismo trozo de música.

Doble barra colocada delante de un cambio de armadura de la clave.

Doble barra colocada delante de un cambio de las cifras indicadoras del compás.

FIN DE LA CUARTA PARTE.

QUINTA PARTE

PRINCIPIOS GENERALES DE EJECUCIÓN MUSICAL

244. Ya conocemos ahora los signos empleados en la anotación, como tambien las reglas que los rigen, tanto con referencia á la entonación como á la duración. Estos signos son suficientes para la lectura musical.

No obstante, la ejecución de una obra de música resultaria fria y sin **brillo**, si de algun modo no fuese animada, coloreada, vivificada por el que la **interpreta**, quien, identificándose con el pensamiento del autor, le dá la expresión que le es propia.

La **expresión** comprende: el *fraseo*, la *acentuación*, el *matiz* y el *caracter*.

DEL FRASEO

1ª Lección

245. El **fraseo** consiste en observar con exactitud la puntuación musical.

246. Toda composición, lo mismo que todo discurso, se divide en períodos ó frases, y en miembros de período ó de frase.

El *miembro de periodo* se compone de una ó varias pequeñas ideas melódicas que toman el nombre de *diseño melódico*.

El período se compone de varios miembros cuyo conjunto debe formar un todo completo, un sentido terminado. (1)

EJEMPLO DE UN PERÍODO

(1) Si la puntuación musical fuese como la del discurso, después de un miembro de periodó se colocaria una coma, un punto y coma, dos puntos, etc., segun el sentido que presentase, y después de un periodo se pondria un punto.

247. Si los periodos, y tambien los miembros de periodo, están con frecuencia separados por silencios de corta duración, entonces será fácil reconocerlos. Pero, cuando estos periodos ó miembros de periodo, no van seguidos de silencio, es necesario analizarlos con mucha atención, puesto que no hay ningun signo musical que indique el principio ni el fin. (1)

248. El frasear y puntuar bien un trozo de música, consiste en hacer sentir con arte el principio, él desarrollo y el final de los periodos y miembros de periodo.

El buen *fraseo*, dá claridad á las partes de la composición, y, por lo mismo, es la primera de las cualidades que comprende la expresión: pues, para interesar ó conmover, es necesario ser comprendido, y para ser comprendido, es necesario ser claro.

2ª Lección.

DE LA ACENTUACIÓN

249. Ciertas notas en la frase musical, como ciertas sílabas en la dicción, deben acentuarse con más ó menos fuerza, dándoles una inflexión particular.

Esta acentuación, esta inflexión particular que realza la frase musical; que la hace sobresalir y sostiene la atención del oyente se indica por medio de signos ó de términos italianos que á continuación daremos á conocer.

SIGNOS DE ACENTUACIÓN

250. La ligadura ó ligado ⁀ se coloca encima de una serie de notas diferentes é indica que se han de ligar entre si y sostener el sonido. (2)

EJEMPLO

251. La *ligadura*, colocada entre dos notas de sonidos diferentes, indica que se ha de apoyar la primera, dejando expirar la segunda como si fuese una silaba muda.

EJEMPLO

---

(1) La puntuación musical se reconoce facilmente por medio de las cadencias, pero para esto es necesario tener nociones de harmonía.

El conocimiento de la harmonía, cuyo estudio toma cada dia mayor extensión, no solamente es indispensable al compositor, sino muy útil al ejecutante, puesto que conociéndola, puede analizar hasta en sus más pequeños detalles, cualquier composición musical.

(2) Indica el ligado, para los instrumentos de cuerda, que las notas que comprende se han de ejecutar de un solo golpe de arco, y, para las voces, de una sola emisión.

252. El **puntito** se coloca encima ó debajo de las notas é indica cuales deben ser *destacadas*. Estas notas serán destacadas con mas ó menos ligereza, según sea el movimiento mas ó menos vivo.

EJEMPLO

253. El **puntito prolongado** se coloca igualmente encima ó debajo de las notas, en cuyo caso se llaman *notas picadas*. Esta acentuación indica que dichas notas se han destacar con viveza y atacar al mismo tiempo de una manera incisiva.

EJEMPLO

254. Combinados juntos el **puntito** y **la ligadura**, indican que las notas deben ser algo separadas una de otra y ejecutadas con delicadeza. Se llaman estas notas *picado-ligadas*. (1)

EJEMPLO

255. Cuando una ó varias notas deben acentuarse con mas fuerza que las anteriores ó posteriores á ellas, se indica esta acentuación por este signo ∧ que se coloca encima ó debajo de las mismas.

EJEMPLO

256. El siguiente signo > que se coloca tambien encima ó debajo de las notas, indica una acentuación mas fuerte seguida inmediatamente de una disminución de sonoridad.

EJEMPLO

---

(1) Para los instrumentos de cuerda, esta acentuación se llama *staccato* é indica que el destacado se ha de ejecutar con un solo golpe de arco.

257. El **arpegio** (derivado de *arpa*), representado por este signo ⦃ que se coloca delante de un acorde, indica que se han de atacar sucesivamente y con rapidez las notas de dicho acorde, empezando por la mas grave.(1)

258 TÉRMINOS DE ACENTUACION

TÉRMINOS	ABREVIACIONES	SIGNIFICADO
Forte piano	***fp***	Fuerte la 1ª nota y débil la siguiente.
Piano forte	***pf***	Débil la 1ª nota y fuerte la siguiente.
Legato	*Leg*	Ligado (acompaña ó reemplaza el signo de la ligadura)
Legatissimo	*Leg^{ssimo}*	Lo mas ligado posible.
Leggiero	*Legg*	Ligero.
Marcato	*Marc*	Marcado.
Pesante	*Pes*	Pesado.
Rinforzando	*Rinf ó Rfz*	Reforzando el sonido.
Sforzando	*Sfz*	Dando repentinamente mas fuerza.
Sostenuto	*Sost*	Bien sostenido el sonido.
Staccato	*Stacc*	Destacado.
Tenuto	*Ten*	Reteniendo el sonido.

Estas diferentes observaciones deben atenderse con mucho cuidado, pues de ellas depende el fraseo, y contribuyen á expresar fielmente el pensamiento del compositor, dándole verdadera expresión.

---

(1) Este signo se aplica á los instrumentos de teclado. A excepcion de él, no hemos indicado ni los signos ni los términos que afectan particularmente á un instrumento determinado; tales como, por ejemplo, el O, colocado encima de una nota que para los instrumentos de cuerda, indica la cuerda al aire: *con sordini, pizzicato*, etc. Todo esto se halla indicado en los métodos especiales de cada instrumento.

DE LOS MATICES

3ª Lección.

259. Llámanse **matices** los diferentes grados de intensidad por los que puedan pasar uno ó varios sonidos, un pasaje ó un trozo de música entero.

Se les indica por medio de unos signos llamados *reguladores* y tambien por términos italianos, como vamos á demostrar.

SIGNOS DE MATICES

260. Este signo indica que se ha de aumentar gradualmente la intensidad del sonido.

Este otro signo indica que la intensidad del sonido se ha de disminuir gradualmente.

Y por fin, expresa este último que la intensidad del sonido se ha de aumentar primeramente para disminuirla después.

Cuando este último signo se aplica á un solo sonido, al principio se ha de emitir con muy poca fuerza, aumentando gradualmente su intensidad hasta la mitad de su duración, disminuyéndola después en la misma proporción. Esto se llama *filar un sonido*.

TÉRMINOS DE MATICES

261. El sonido puede ser débil y puede ser fuerte. El primero se expresa por medio de la palabra *piano* y el segundo por la palabra *forte*.

Pero el *piano* y el *forte* pueden tener varios grados de intensidad; estas gradaciones se expresan de la siguiente manera.

TÉRMINOS	ABREVIACIONES	SIGNIFICADO
Pianissimo	*pp*	Muy suave.
Piano	*p*	Suave.
Mezzo piano	*mp*	Medio suave.
Un poco piano	*poco p*	Un poco suave.
Sotto voce	*sot. v*	A media voz.
Mezza voce	*mez. v*	A media voz.
Un poco forte	*poco f*	Un poco fuerte.
Mezzo forte	*mf*	Medio fuerte.
Forte	*f*	Fuerte.
Fortissimo	*ff*	Muy fuerte.

262. Para aumentar ó disminuir gradualmente la intensidad de uno ó mas sonidos, se emplean los términos siguientes:

TÉRMINOS	ABREVIACIONES	SIGNIFICADO
Crescendo	*Cres.*	Aumentando en fuerza
Decrescendo	*Decres.*	Disminuyendo en fuerza.
Diminuendo	*Dim.*	Disminuyendo.
Calando	*Cal.*	Disminuyendo.
Morendo	*Mor.*	Disminuyendo en movimiento y en fuerza.
Perdendosi	*Perd.*	Dejando perder el sonido.
Smorzando	*Smorz*	Apagando el sonido poco á poco.

263. Son los ***matices*** en la música lo que en la pintura las gradaciones y los contrastes de luz y sombra. No solamente se han de observar con el mayor cuidado, sino que, en caso de no estar indicados, corresponde al buen gusto del artista suplir su ausencia.

DEL CARÁCTER

4ª Lección.

264. El **carácter** es el tinte general que se dá á la expresión de un trozo de música.

Cada parte de la composición, es decir cada uno de sus períodos, puede tener una expresión particular.

265. El intérprete hábil debe saber expresar los sentimientos mas diversos: la calma, la pasión, el dolor ó la alegria. Pero, para esto, todos los recursos del mecanismo (aunque indispensables), no son suficientes, si el artista no está inspirado, conmovido, y si no halla en su alma las sensaciones que quiere hacer experimentar al que le escucha.

266. El carácter trazado por el compositor, lo mismo que la acentuación y los matices, está indicado por términos italianos.

Algunos de estos términos, esto es, los que se refieren al colorido general, se juntan á veces, como ya hemos visto, [1] con los términos de movimiento que se colocan al principio de la composición.

Otros, mas bien tienen relación con periodos y miembros de período y se colocan durante el curso de la obra musical.

He aqui los principales:

TÉRMINOS	SIGNIFICADO	TÉRMINOS	SIGNIFICADO
Amabile	Amable.	*Brillante*	Brillante.
Amoroso	Amoroso.	*Capriccioso*	Caprichoso.
Appassionato	Apasionado.	*Con allegrezza*	Con alegria.
Ardito	Animoso.	*Con bravura*	Con bravura.

---

(1) 4ª Parte. 9ª Leccion. § 223.

TÉRMINOS	SIGNIFICADO	TÉRMINOS	SIGNIFICADO
Con delicatezza	Con delicadeza.	*Giocoso*	Jocoso, alegre.
Con dolore	Con dolor.	*Imperioso*	Imperioso.
Con grazia	Con gracia.	*Innocente*	Inocente.
Con gusto	Con gusto.	*Lagrimoso*	Lagrimoso.
Con tenerezza	Con ternura.	*Malinconico*	Melancólico.
Delicatamente	Delicadamente.	*Mesto*	Triste.
Delicato	Delicado.	*Nobile*	Noble.
Disperato	Desesperado.	*Patetico*	Patético.
Dolce	Dulce.	*Pomposo*	Pomposo.
Dolcissimo	Muy dulce.	*Religioso*	Religioso.
Doloroso	Doloroso.	*Rustico*	Rústico.
Drammatico	Dramático.	*Semplice*	Simple.
Energico	Enérgico.	*Teneramente*	Tiernamente.
Espressivo	Expresivo.	*Tranquillo*	Traquilo.
Furioso	Furioso.	*Tristamente*	Tristemente.

267. No sabriamos terminar mejor esta quinta parte consagrada á la ejecución musical, que cediendo la palabra á un ilustre artista, á P. BAILLOT, quien, en su famoso método de violin, dice, hablando del GENIO DE EJECUCIÓN: « El es, quien comprende al primer golpe de vista los diferentes caracteres de la música; él es, quien por una instantánea inspiración, se identifica con el genio del compositor, le sigue en todas sus intenciones y las dá á conocer con tanta facilidad como precisión; él es, quien vá hasta presentir los efectos para hacerlos brillar con mas esplendor, él, quien dá á la ejecución de un instrumento el colorido que conviene al género de un autor; él, quien sabe juntar la gracia con el sentimiento, la sencillez con la gracia, la fuerza con la dulzura, y marcar todos los matices que determinan los contrastes: él, sabe pasar repentinamente á una expresión diferente, acomodarse á todos los estilos, á todos los acentos; hacer sentir sin ostentación los pasajes mas salientes y echar hábilmente un velo sobre los mas vulgares; penetrarse del genio de un trozo de música que nada dice hasta prestarle encanto, crear efectos que el autor abandona muchas veces al instinto del artista; traducirlo todo, animarlo todo, trasmitir al alma del oyente lo que sentia el alma del compositor; hacer revivir los grandes genios de siglos pasados, é interpretar en fin, los sublimes acentos con el entusiasmo que corresponde á ese lenguaje noble y afectuoso que, no en vano, como á la poesia, le llaman el idioma de los Dioses. »

Ninguna de estas lecciones vá seguida de un ejercicio especial, pero recomendamos en gran manera la lectura, ejecución y análisis de obras de buenos Autores. Este estudio no solamente forma el buen gusto del artista, sino que desarrolla todas las cualidades que debe poseer un buen músico.

FIN DE LA QUINTA PARTE.

COMPLEMENTO

ADORNOS — ABREVIACIONES

Para completar el estudio de los principios de la música, solo nos resta dar á conocer los *adornos* que pueden introducirse en una composición, y las *abreviaciones* que se emplean, sobre todo en la músiea instrumental.

DE LOS ADORNOS

268. Los **adornos** aplicados á una composición musical, pueden darle más variedad ó aumentarle la gracia como tambien el vigor.

Los *adornos*, llamados tambien *notas de adorno, notas de gusto* ó *bordaduras*, se escriben con notitas pequeñas, ó se indican por signos.

Se colocan antes ó después de las notas principales, [1] y no tienen valor propio sino que lo *toman del de la nota principal que les precede ó del de la nota que les sigue*.

Los principales adornos son:

- La apoyatura.
- El grupeto.
- El trino.
- El mordente.
- La fioritara llamada tambien cadenza ó calderón.

DE LA APOYATURA

269. La **apoyatura** (en italiano *appogiatura*), se coloca delante de una nota principal y á un grado (tono ó semitono) superior ó inferior de distancia de la misma. [2] Se escribe con notitas pequeñas y toma su valor del de la nota principal.

En la ejecución, la *apoyatura* (como ya lo indica su nombre), se ha de apoyar con mas fuerza que la nota que la sigue.

---

(1) Llamamos *nota principal*, á toda nota de un trozo de música á la cual vaya adherido un adorno.

(2) Harmonicamento hablando "la apoyatura es una nota estraña colocada á un grado superior ó inferior de una nota de la harmonia cuyo puesto ocupa momentáneamente" (F. Bazin. Tratado de Harmonia.)

La duración de la *apoyatura* depende del carácter de la obra; sin embargo, suele ser ordinariamente igual á la mitad de la duración de la nota principal á la cual vá adherida.

EJEMPLO

La duración de la *apoyatura* puede tambien ser igual á dos tercios de la nota principal, si está va seguida de puntillo.

EJEMPLO

En general, la figura de la *apoyatura* expresa la duracion que debe tener. (1)

DE LA APOYATURA DOBLE

270. La **apoyatura doble** consiste en dos notitas colocadas una á un grado superior y otra á un grado inferior de la nota principal.

El valor de la *apoyatura doble*, se toma igualmente del de la nota principal que la sigue. Según el movimiento y el caracter de la composición, puede ejecutarse con más ó menos rapidez, ó sea de la manera siguiente:

EJEMPLO

(1) En otro tiempo se escribia siempre la apoyatura por medio de notitas, pero hoy dia se emplean para escribirla las notas ordinarias, de las que no nos ocuparemos, supuesto que se deben ejecutar tal como están escritas.

DE LA APOYATURA BREVE

271. La **apoyatura breve** debe ejecutarse con mucha rapidez.

Se presenta siempre bajo la figura de una corchea cuyo corchete está atravesado por una rayita oblicua. Toma tambien su valor del de la nota principal que la sigue.

EJEMPLO

DEL GRUPETO

272. El **grupeto** es un grupo de tres ó cuatro notas que siguen ó preceden á la nota principal.

Se escribe por medio de notitas, ó se indica por uno de estos dos signos ∾ - ∾.

Cuando el primer corchete del signo está vuelto hacia arriba (∾), se ha de empezar el *grupeto* por la nota superior.

Cuando el primer corchete mira hacia abajo (∾), se ha de empezar el *grupeto* por la nota inferior. (1)

273. He aqui las diferentes maneras de ejecutar el *grupeto*

1° Cuando el signo indicador está colocado encima de una nota, el *grupeto* es de tres notas, y se ejecuta antes que la nota principal de la cual toma su valor. (2)

EJEMPLO

---

(1) Antiguamente se observaba esta diferencia con mucho cuidado. Hoy dia solo se emplea este signo ∾, (lo cual es sensible) tanto si el grupeto empieza por la nota inferior como por la superior.

(2) Harmónicamente, este grupeto es considerado como una *apoyatura doble* con nota de paso.

2º Cuando el signo indicador está colocado entre dos notas diferentes, el *grupeto* se ejecuta antes que la segunda nota y toma su valor del de la primera. (Entonces está compuesto de cuatro notas.)

EJEMPLO

3º Cuando el *grupeto* está colocado después de una nota con puntillo ó entre dos notas de un mismo sonido, debe ejecutarse asi:

EJEMPLO

Si la nota superior del *grupeto* debiera ser alterada, se colocará, el accidente encima del signo, y se colocará debajo para la alteración de la nota inferior. En fin. si las dos notas debieran ser alteradas, se colocará un accidente encima y otro debajo del signo

EJEMPLO

274. En los pasajes de movimiento vivo, debe ejecutarse el *grupeto* con mucha rapidez, contribuyendo á acentuar el ritmo; pero en los pasajes de caracter lento, debe ser mas moderado.

DEL TRINO

275. El **trino** consiste en batir alternativa y rápidamente dos notas conjuntas; la nota escrita es siempre la mas grave.

276. El *trino* se indica por las letras *tr* que suelen ir seguidas de este signo ~~~~~~

Cuando la nota superior del *trino* debe ser alterada, se coloca el accidente debajo de las letras *tr* que indican el trino.

Ej. 

277. El *trino* presenta tres partes: la *preparación*, el *batido*, y la *terminación*.

Hay tres preparaciones principales y cada una de ellas está indicada por una notita.

La primera consiste en empezar el trino por la nota escrita encima de la cual vá indicado. (Para esta preparación se suprime á veces la notita.)

La segunda consiste en empezar el trino por la nota superior á la nota escrita.

La tercera consiste en empezar el trino por la nota inferior á la nota escrita.

278. Existen igualmente diferentes terminaciones que se indican tambien por medio de notitas.

EJEMPLO

279. Se ha de terminar el *trino* con el mismo movimiento del batido. No obstante, en los *Adagio*, se puede moderar la terminación

El *trino* debe ejecutarse siempre con mucha igualdad; brillante, en los pasajes de movimiento rápido, y suave en los de movimiento lento.

DEL MORDENTE

280. El **mordente** se ejecuta batiendo con mucha rapidez dos notas conjuntas. La primera de estas notas es la misma que la nota principal á la cual el *mordente* vá adherido; la segunda, es el grado superior (sea á un tono, sea á un semitono.)

281. El *mordente* se escribe con pequeñas notas, ó se indica por el siguiente signo ⁓, tomando su valor del de la nota principal.

El *mordente* debe ejecutarse con limpieza y de un modo incisivo.

DE LA FIORITURA

282. La **fioritura** es un pasaje que á veces introduce el ejecutante en la composición durante la suspensión del compás indicada por el calderón; entonces toma el nombre de *cadencia* ó el de *calderón* mismo. (1)

283. Dicho pasaje suele casi siempre estar anotado por el compositor (escribiéndose con notas pequeñas.) Pero á veces el ejecutante lo modifica para poner de relieve las cualidades que posee, las ventajas con que vence las dificultades, ó, en la música vocal, para apropiarlo mejor á la extensión de su voz.

284. La fioritura nunca se mide, su terminación es á gusto del ejecutante, segun el carácter de la pieza, el movimiento y la expresión.

285. La *fioritura* puede colocarse tambien durante el curso de un trozo de música, sin que sea necesario que haya un calderón

286. En este caso toma su valor de la nota principal que la precede, y se ejecuta sin alterar el movimiento.

---

(1) Estas dos denominaciones son impropias, si bien provienen de que este pasaje precede ordinariamente á una cadencia, ó de que se ejecuta durante la interrupción impuesta por el calderón

"En España lo denominan mas comunmente con el vocablo italiano *fermata*." (N. del T.)

DE LAS ABREVIACIONES

287. En la anotación se emplean muchas veces abreviaciones, sobre todo para la música instrumental.

Vamos á indicar las que se suelen encontrar con mas frecuencia.

DE LAS BARRAS DE REPETICIÓN

288. Se ha visto ya [1] que la doble barra indicaba el final de un trozo de música, ó de una de sus principales partes: cuando una de estas partes se ha de ejecutar dos veces toma el nombre de **repetición**

289. Se indica la ***repetición*** por dos puntos colocados cerca de la doble barra de separación, debiéndose repetir la parte que se halla del lado de dichos puntos; asi, si los dos puntos están colocados á la izquierda de la doble barra, se ha de repetir la parte que se acaba de ejecutar.

290. Si los dos puntos están á la derecha de la doble barra, deberá repetirse la parte que se vá á ejecutar.

291 Ordinariamente cuando una parte vá precedida y seguida de la doble barra, se coloca el signo de repetición ántes y después de dicha parte.

292. Dos repeticiones consecutivas se indican por dos puntos colocados á cada lado de las barras.

1ª Repetición 2ª Repetición

Ej.

293. Si en la repetición de una parte, uno ó varios compases han de ser reemplazados por otros, se indica de esta manera.

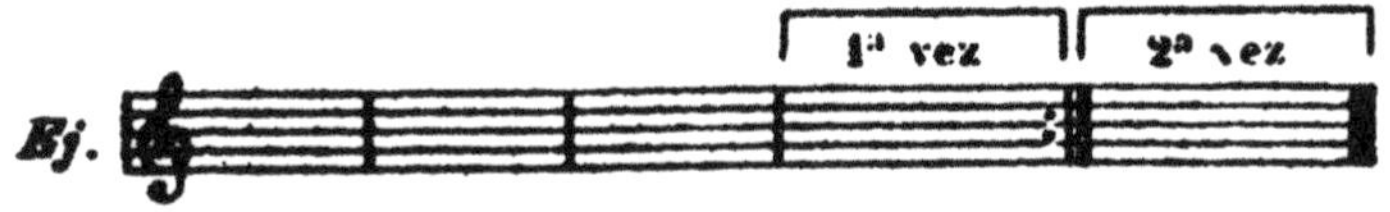

DEL PÁRRAFO Ó LLAMADA

294. El **párrafo ó llamada** es un signo que, cuando se presenta por segunda vez, indica que se ha de volver al punto donde se ha visto la primera vez y, desde allí, continuar la ejecución hasta la palabra *fin*.

---

(1) 4ª Parte, 1ª Lección.

295. He aquí las diferentes figuras del párrafo ó llamada. La primera de estas figuras es casi cxclusivamente la única que se emplea.

𝄋 ϴ ✕ [ ]

296. Cuando el *párrafo* indica que se ha de repetir un trozo de música desde el principio, suele ordinariamente ir acompañado de las palabras *DA CAPO*, o por abreviacion *D.C.* (de la cabeza, del principio.)

297. Cuando se repite un trozo de música desde el principio y se hallan hasta el fin una ó mas *répeticiones*, *cuda una de estas repeticiones no debe ejecutarse mas que una sola vez*.

EJEMPLO

DIFERENTES ABREVIACIONES

298. He aquí las *abreviaciones* mas usadas después de la repetición y el párrafo ó llamada.

FIN DEL COMPLEMENTO

NOMENCLATURA DE LOS INSTRUMENTOS
empleados en la Música Europea

INSTRUMENTOS de CUERDAS

DE ARCO	Violin Viola Violoncelo Contrabajo Viola de amor*, Violas diversas*
DE CUERDAS PUNTEADAS	Arpa Mandolina, Bandurria, Guitarra, Clave*
DE CUERDAS PERCUTIDAS	Piano Zimbalón

INSTRUMENTOS de VIENTO

DE EMBOCADURA	Grandes Flautas Flautin Flageolet*
DE LENGÜETA	Clarinete, Caramillo* Requinto Clarinete contralto* Clarinete bajo Oboe Oboe de amor Corno inglés Fagote Contrafagote Sarrusofono Saxofono; Sopranino*, Soprano, Contralto, Tenor, Baritono, Bajo.
DE BOQUILLA	Trompa sencilla Trompeta sencilla* Corneta de posta Clarin Trombones; Contralto*, Tenor, Bajo. Trompa de pistones Trompeta de pistones Cornetin de pistones Trombones de pistones Bugle de llaves* Figle* Corneta tuerta*, Serpentón Bugles de pistones ó Saxhorns; Sopr. agudo, Sopr., Contralto, Baritono, Bajo, Contrabajo.
DE TECLADO	Organo Harmonium

INSTRUMENTOS de PERCUSIÓN

DE SONIDOS DETERMINADOS	Timbales Campanas, Carillones, Juegos de timbres, Xilofono*
DE SONIDOS INDETERMINADOS	Bombo, Tambor militar, Redoblante, Pandero, Tamboril* Platillos, Triángulo, Tam-tam, Castañuelas, etc. etc.

---

* Los instrumentos acompañados con un asterisco, se emplean raramente ó han caido en desuso.

Para el estudio de la instrumentación y de la orquestación recomendamos los tratados:
H. BERLIOZ — F. A. GEVAERT — Ch. M. WIDOR

Traduction de F. PEDRELL

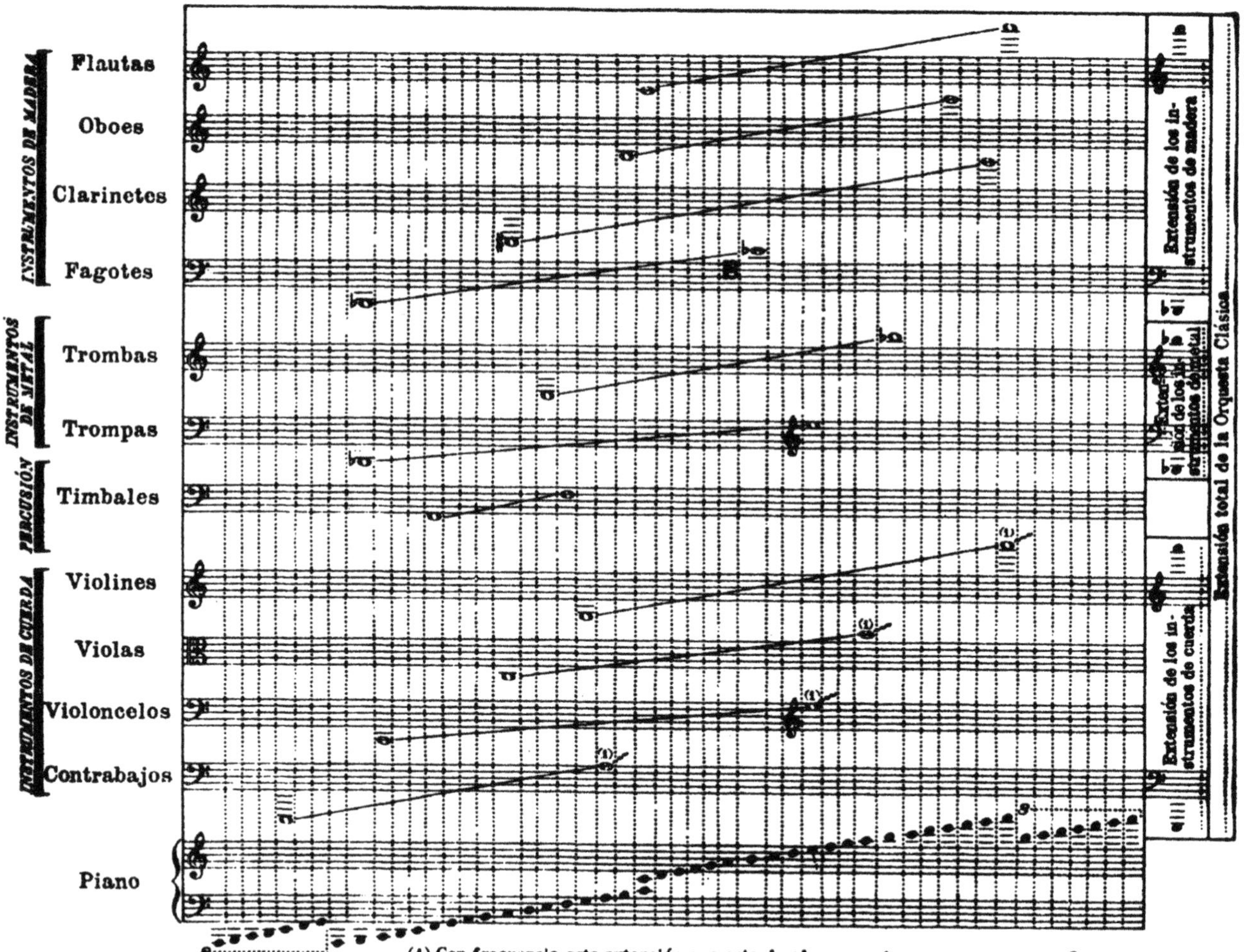

INSTRUMENTOS DE MADERA
Flautas
Oboes
Clarinetes
Fagotes
INSTRUMENTOS DE METAL
Trombas
Trompas
PERCUSIÓN
Timbales
INSTRUMENTOS DE CUERDA
Violines
Violas
Violoncelos
Contrabajos
Piano
Extensión de los instrumentos de madera
Extensión de los instrumentos de metal
Extensión de los instrumentos de cuerda
Extensión total de la Orquesta Clásica

(1) Con frecuencia esta extensión aumenta de algunas notas, pero rara vez en Orquesta

EXTENSIÓN GENERAL DE LAS VOCES

VOCES de MUJER
Tiples
Contraltos
VOCES de HOMBRE
Tenores
Bajos
(1)
(1)
(2)

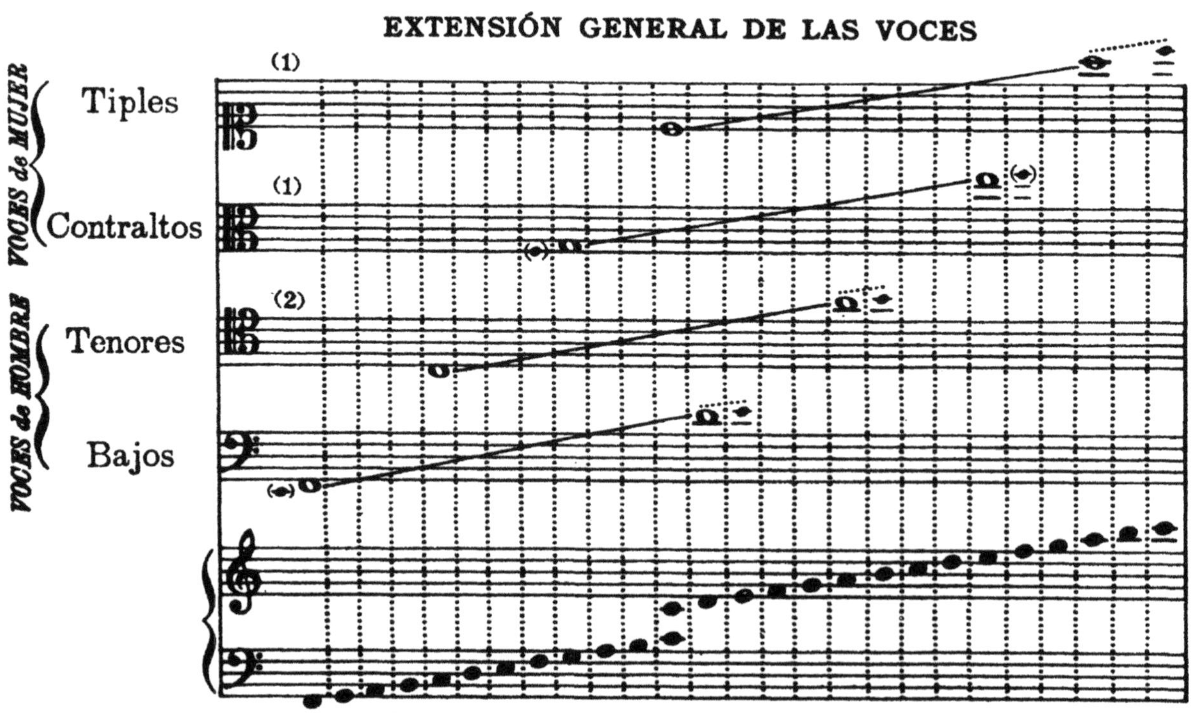

(1) Hoy se escribe en Clave de Sol 2ª línea.

(2) Hoy se escribe en Clave de Sol 2ª línea (una octava más alto).

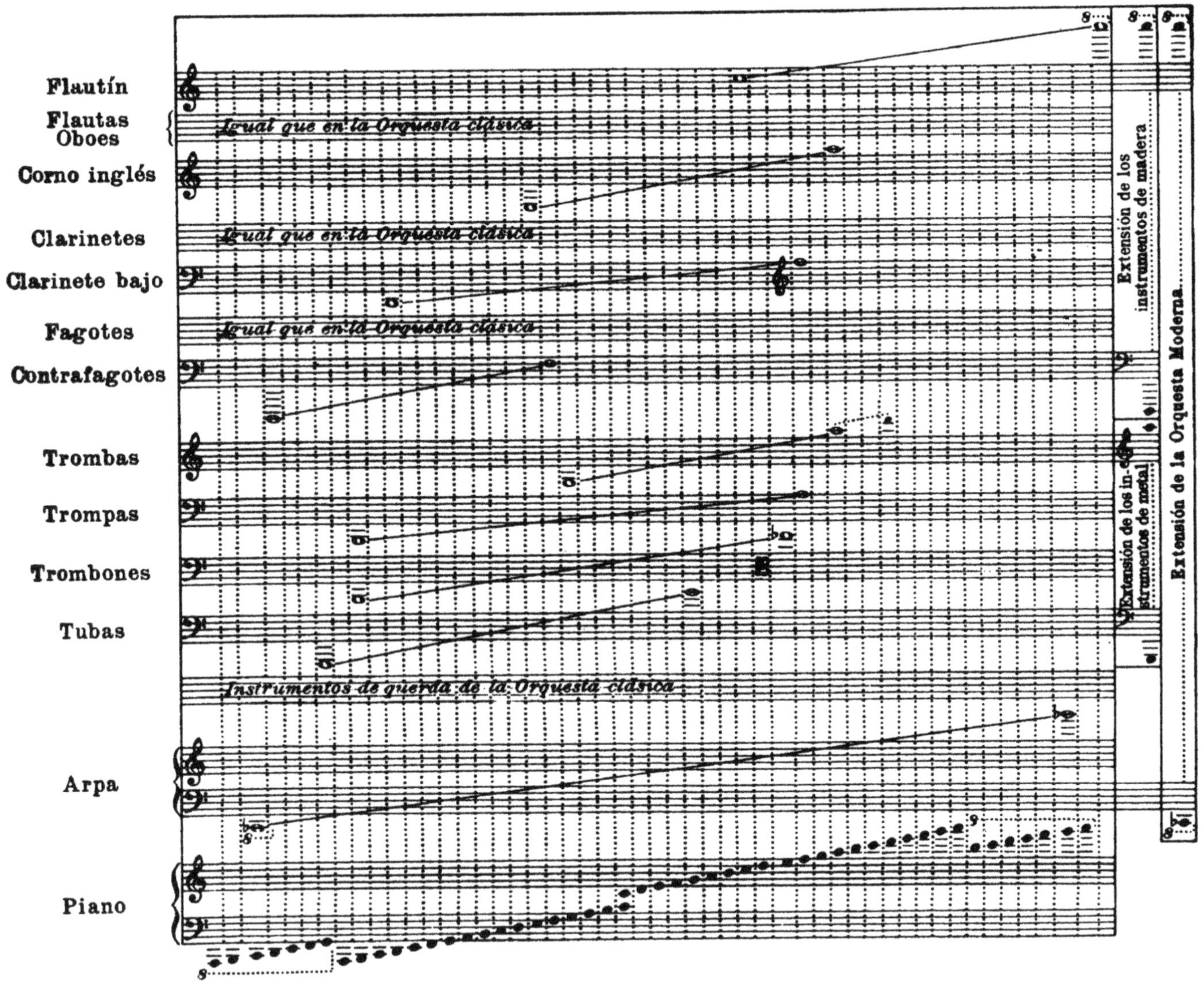

Flautín
Flautas
Oboes
Igual que en la Orquesta clásica
Corno inglés
Clarinetes
Igual que en la Orquesta clásica
Clarinete bajo
Fagotes
Igual que en la Orquesta clásica
Contrafagotes
Trombas
Trompas
Trombones
Tubas
Instrumentos de cuerda de la Orquesta clásica
Arpa
Piano
Extensión de los instrumentos de madera
Extensión de los instrumentos de metal
Extensión de la Orquesta Moderna

Añadimos á los instrumentos:

El **Órgano,** cuya extensión varía con los diferentes modelos, alcanza en el **Gran Órgano** de *32 piés* (1) nueve octavas y media, á saber:

Del último sonido grave perceptible:

(Una sexta mayor debajo de la nota más grave del piano.)

Hasta el *sol* situado una 15ª menor encima del último *sol* agudo del piano.

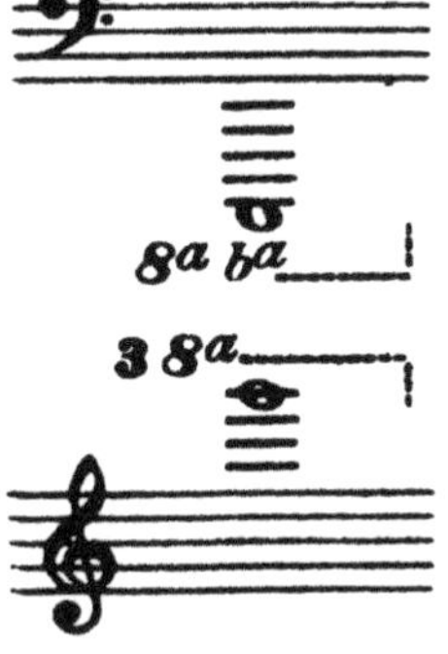

(1) Se expresa en *piés* el largo de los tubos del órgano; un órgano de 32 *piés* es un órgano cuyo tubo más largo (y por lo tanto, el que produce el sonido más grave) mide 32 *piés*.

CUADRO COMPARATIVO

de la extensión real de los diversos instrumentos que componen la orquesta clásica y moderna, las voces y el Piano

* Los instrumentos señalados con un asterisco son, únicamente, los que figuran en la orquesta clásica.

Menciónanse en el cuadro los instrumentos empleados comunmente en la orquesta, clásica ó moderna, y no los que se emplean excepcionalmente como el *Clarinete contralto*, le *Saxofono*, la *Guitarra*, etc.

Sobre ciertos instrumentos (lo mismo que en las voces) pueden obtenerse aun algunas notas á lo grave y á lo agudo; pero, á pesar de que se encuentren algunas voces en las obras clásicas ó modernas, figuran en ellas como notas excepcionales.

CUADRO COMPARATIVO

de la extensión real de los diversos instrumentos empleados en la Música Militar (Bandas y Charangas)

* Los instrumentos señalados con un asterisco son los que se emplean en las Charangas (Los *Saxofonos* no figuran más que á título facultativo).

El *Contrabajo* de cuerdas empléase algunas veces en las Bandas, siempre que el personal no tenga que ponerse en marcha.

NOTAS

NOTA (*a*) — Pág. 1.

El *sonido* es una sensación producida sobre el órgano del oido por el movimiento vibratorio de los cuerpos sonoros.

Se distingue el *sonido musical* del *ruido*, en que se puede medir exactamente su altura, mientras que no se puede apreciar el valor musical del ruido.

El *sonido musical* posee tres cualidades especiales: la *altura*, la *intensidad* y el *timbre*.

La *altura* es el resultado del mayor ó menor número de vibraciones producidas en un tiempo dado: cuantas mas sean las vibraciones, tanto mas agudo será el sonido.

La *intensidad*, ó la fuerza del sonido, depende de la amplitud de las vibraciones.

El *timbre*, es esa cualidad particular del sonido, que hace que dos instrumentos diferentes no puedan ser confundidos entre si, aunque ambos produzcan un sonido á la misma altura é intensidad. El oido menos ejercitado distingue facilmente el timbre del violin del de una trompeta ó de un oboe. La causa del timbre no está aun bien definida.

NOTA (*b*) — Pág. 6.

El nombre de las *seis* primeras notas *-UT-RE-MI-FA-SOL-LA-* está sacado de la primer estrofa del himno de *San Juan Bautista*, cuyo canto es como sigue.

HIMNO DE SAN JUAN

tal como se cantaba antiguamente.

sacado de un antiguo manuscrito que se conserva en la biblioteca del Capítulo de Sens. [1]

Esta designación silábica fué imaginada como medio de mnemónica por *Guido* ó *Gui*, monje de la Abadia de Pomposa, quien nació en *Arezzo* de *Toscana*, á fines del siglo X. [2]

Antiguamente las notas se designaban por medio de caracteres alfabéticos.

A	B	C	D	E	F	G
la	*si*	*ut*	*re*	*mi*	*fa*	*sol*

NOTA (*c*) — Pág. 8

El pentagrama de cinco lineas, único en uso en la anotación moderna, no es mas que un fragmento del pentagrama general de once lineas (pentagrama ficticio) donde podrian colocarse casi todos los sonidos de la voz humana, desde el mas grave al mas agudo.

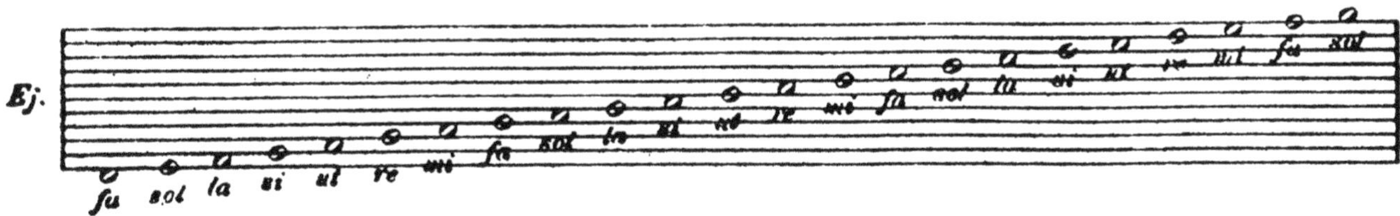

(1) J.-J. Rousseau. Diccionario de la Música.

(2) Los italianos, para solfear, han sustituido la silaba *ut* por la silaba *do* por hallar esta mas sonora. Este uso se ha introducido tambien en Francia, España y otros paises.

La lectura de este pentagrama seria, sino imposible, al menos muy difícil; y además, siendo mas limitada la extensión de cada una de las voces, resultaria inútil una parte de dicho pentagrama.

Por esta razón, se atribuyó á cada voz el fragmento del pentagrama que le era particularmente especial, y este fragmento fué regularmente formado de cinco lineas inmediatas.

Pero entonces, resultó necesario un medio para reconocer estos diversos fragmentos, y á este objeto se colocó al principio del pentagrama y sobre la sexta linea donde está el *do*, el caracter alfabético C que representa dicha nota, (1) después, para que las cinco lineas inferiores ó superiores separadas del pentagrama general tuvieran igualmente un signo que les diera á conocer, se colocó sobre la 4ª linea donde está el *fa*, la letra F que representa esta nota, y en fin, sobre la 8ª linea en que hay el *sol*, la letra G por la cual esta nota está representada.

Dichos caracteres, sin los cuales no se podria reconocer la posición de las notas, tomaron por metáfora el nombre de *claves*, y modificadas sus figuras poco á poco han llegado hasta nosotros tal como las conocemos hoy dia.

La siguiente tabla, que indica la relación de las claves entre si, presenta los diversos fragmentos del pentagrama general y las diferentes posiciones de las claves en cada fragmento.

NOTA (*d*) — Pág. 9.

La relación de los sonidos entre si se regulariza por medio de un pequeño instrumento llamado *diapasón* cuyo sonido es invariable.

Este sonido tipo es el *la* que, en clave de sol 2ª linea, se coloca en el segundo espacio del pentágrama

Como quiera que por diversas causas, el sonido del diapasón resultase cada vez mas agudo, el Sr. Ministro de Fomento nombró una comisión para que se encargase de establecer en Francia un diapasón musical uniforme.

Esta comisión compuesta de los Sres. J. Pelletier, Consejero de Estado, Secretario general del Ministerio de Fomento, *Presidente*; F. Halevy, Miembro del Instituto, Secretario perpétuo de la Academia de Bellas Artes, *Relator*; Auber, M. del Instituto, Director del Conservatorio de Música y de declamación; Ambrosio Thomas, M. del Instituto; Berlioz, M. del Instituto; Desprez, M. del Instituto, Profesor de Fisica en la Facultad de Ciencias; Camilo Doucet, M. del Instituto, Jefe del negociado de Teatros en el Ministerio de Fomento; Lissajous, Profesor de Fisica del Liceo San Luis; el General Mellinet, encargado de la organización de las músicas militares; Meyerbeer, M. del Instituto; Eduardo Monnais, Comisario imperial de los Teatros liricos y del Conservatorio; Rossini, M. del Instituto; presentó su información el 1º Febrero de 1859.

Conforme á sus conclusiones, se acordó adoptar un *diapasón normal* obligatorio para todos los establecimientos musicales de Francia autorizados por el Estado. Este diapasón dá 870 vibraciones por segundo. El modelo está depositado en el Conservatorio de Música.

---

(1) Véase otra vez el final de la nota (*b*).

NOTA (*e*)— Pág. 13.

Los *dos pentagramas* que se usan para escribir la música de Piano, Organo y Arpa, no son mas que el *pentagrama general* de que ya hemos hablado en la nota (*c*), menos la linea del medio.

Los sonidos agudos (ejecutados por la mano derecha), están escritos sobre las cinco lineas superiores—clave de sol 2ª linea—. Los sonidos graves (ejecutados por la mano izquierda), están escritos sobre las cinco lineas inferiores—clave de fa 4ª linea.

En cuanto á la linea del medio del *pentagrama general*, corresponde á la primera linea adicional que se coloca debajo del pentagrama superior y encima del pentagrama inferior.

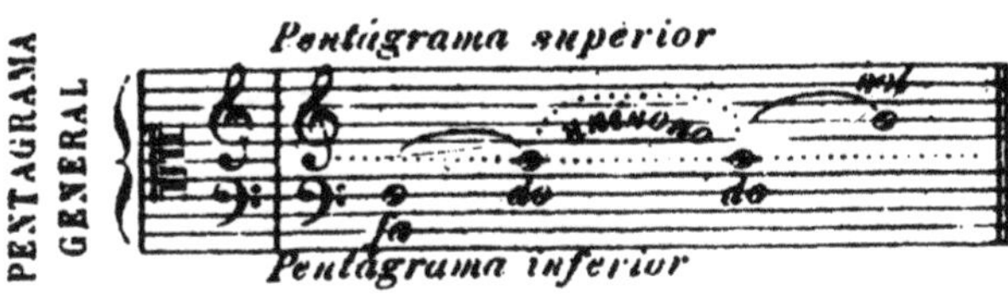

NOTA (*f*)— Pág. 16.

Los *alteraciones accidentales* ó *accidentes* producen un efecto absoluto sobre las notas; es decir, que una nota alterada por un accidente, es siempre lo que indica dicho accidente, sea cual fuere su alteración precedente. Asi, una nota anteriormente alterada por un doble sostenido, si se presenta precedida de un becuadro, resultará *inalterada*; esta misma nota precedida de un simple sostenido, será *simplemente sostenida*.

NOTA (*g*)— Pág. 31.

Para mantener la calificación de *justa* á la *cuarta* y á la *quinta*, nos apoyamos tambien en la autorizada palabra de Mr Henri Reber, quien, en su tratado de harmonia (pág. 4, nota**) dice: «no hemos creido conveniente adoptar en esta obra las denominaciones de quinta *mayor* » para la quinta justa, y de cuarta *menor* para la cuarta justa: estas nuevas calificaciones » sobre no ser generalmente adoptados en Francia, no ofrecen, por otra parte ventaja, alguna; » por lo tanto preferimos seguir siempre la tradición.»

NOTA (*h*)— Pág. 33.

Para conocer la composicion de un intérvalo compuesto, es necesario añadir á la composición del intervalo simple del cual procede el intervalo compuesto, tantas veces 5 tonos y 2 semitonos diatónicos (composición de la octava justa) como octavas contiene el compuesto.

Asi: siendo la *duodécima justa* una *quinta justa* elevada á una octava, será necesario:
añadir á la composición de la *quinta justa* que es de 3 tonos y 1 semitono diatónico,
la composición de la *octava justa*, ó sea: 5 tonos y 2 semitonos diatónicos.

La *duodécima justa* contiene, pues, 8 tonos y 3 semitonos diatónicos.

Siendo la *décima séptima mayor* una *tercera mayor* elevado á dos octavas, será necesario:
añadir á la composición de la *tercera mayor* que es de 2 tonos.
dos veces la composición de la *octava justa*, ó sea: 10 tonos y 4 semitonos diatónicos.

La *décima séptima mayor* contiene, pues, 12 tonos y 4 semitonos diatónicos.

NOTA (*i*)— Pág. 40.

Al adoptar esta teoria de la generación de la escala, basada sobre la resonancia natural de los cuerpos sonoros, no hemos querido pretender que nuestra escala hubiese sido creada *á posteriori* segun este principio, ó que fuese ella la única posible. Los orientales poseen escalas de diferente construcción; los *modos* del canto llano ofrecen tambien disposiciones diversas en la sucesión de los tonos y de los semitonos.

. Entre los sistemas que tienden á explicar la razón de ser de nuestra tonalidad moderna, hemos escogido el que ofrece mas probabilidades, al mismo tiempo que presenta la unidad qué enlaza todas las partes, formando un *todo* que dimana de un mismo principio.

NOTA (*j*)— Pág. 74

El trasporte superior ó inferior de un semitono cromático,. es sencillísimo, para efectuarlo *no importa cambiar de clave*; basta suponer en la misma lá armadura del trozo de música á que se trasporta.

Asi, para trasportar á *re* ♭ *mayor* un trozo escrito en *re mayor*, bastará sustituir los 2 sostenidos (armadura de *re mayor*) por 5 bemoles (armadura de *re* ♭ *mayor*).— Para trasportar á *do* ♯ *menor* un trozo escrito en *do menor*, bastará sustituir los 3 bemoles (armadura de *do menor*), por 4 sostenidos(armadura de *do* ♯ *menor*).

En este trasporte, hay siempre una diferencia de 7 alteraciones entre la armadura del trozo escrito y la armadura del trozo trasportado; por consiguiente, y según la *regla* 1ª (§ 175), si el tono á que se trasporta tomase *mas sostenidos ó menos bemoles, todas las alteraciones accidentales se ejecutarán un semitono cromático mas alto*. Igualmente, y de acuerdo con la *regla* 2ª (§ 176), si el tono á que se trasporta tomase *mas bemoles ó menos sostenidos, todas las alteraciones accidentales se ejecutarán un semitono mas bajo*.

Este trasporte puede traer consigo una nueva dificultad. Esta consistiria en que fuese llevado á un tono que contuviese *dobles sostenidos* ó *dobles bemoles*, y por consiguiente de dificil ejecución, sobre todo para un instrumento.

Asi, un trozo en *si mayor*, conteniendo una modulación persistente á *mi* ♭ *mayor*, daria por el trasporte á 1 semitono inferior, el tono de *si* ♭ *mayor*, modulando á *mi* 𝄫 *mayor*.

En este caso seria mejor emplear el *trasporte enharmónico*, es decir, sustituir el tono de *mi* 𝄫 *mayor*, por su tonalidad enharmónica de *re mayor*.

Entonces no seria mas que un trasporte á la *segunda menor* del tono escrito.

Se comprenderá que el uso de este procedimiento no será útil, mientras que la modulación no sea de cierta duración y vaya indicada en el trozo escrito por un cambio de armadura.

La costumbre de trasportar se puede adquirir en poco tiempo; pero siempre será conveniente antes de comenzar un trozo que no se conozca, leerlo rápidamente, á fin de no exponerse á encontrar dificultades imprevistas.

NOTA (*k*)— Pág. 84

Ya se ha visto (1ª Parte, 14ª Lección) que el *tresillo* era la *división ternaria de una figura de nota simple*. Se emplea tambien, lo que es el inverso del tresillo, *la división binaria de una figura de nota con puntillo*.

Para anotar esta *división binaria* se emplean las mismas figuras que represantan la división ternaria, teniendo cuidado, para facilitar la lectura, de colocar un 2 encima del grupo binario.

Ej.  *etc.*

Dos figuras de nota empleadas en esta división binaria tienen un valor igual á tres de las mismas figuras empleadas en la division ternaria (los tercios valen entonces mitades)

Si á veces el tresillo no es mas que *un tiempo de un compás compuesto trasportado á un tiempo simple*, la división de que hablamos aqui es al contrario, *un tiempo de un compás simple trasportado á un compás compuesto*.

FIN DE LAS NOTAS

TABLA ALFABÉTICA

de los términos musicales usados en esta obra.

NOTA. Las cifras indican los párrafos.-La cifra seguida de la palabra *nota*, indica la nota que esta al pié de la pagina. La palabra *nota* seguida de una letra, indica la nota del final de la obra.

E

F

G

H

I

L

LL

M

N

O

FIN DE LA TABLA ALFABÉTICA

INDICE

PRIMERA PARTE

SIGNOS QUE SE EMPLEAN PARA ESCRIBIR LA MÚSICA

SEGUNDA PARTE

LA ESCALA— LOS INTERVALOS

TONALIDAD

CUARTA PARTE

DEL COMPÁS

QUINTA PARTE

PRINCIPIOS GENERALES DE LA EJECUCION MUSICAL

COMPLEMENTO

ADORNOS — ABREVIACIONES

FIN

Imp. Delanchy, Dupré & Cie, Paris.